Ueli Oswald

»Ich weine nicht, weil ich getötet habe, ich weine um Susanna«

edition 8

Für Susanna

Ueli Oswald

»Ich weine nicht, weil ich getötet habe, ich weine um Susanna«

Aus dem Leben eines Guerillero

edition 8

Die Herausgabe dieses Buches wurde durch einen Beitrag von

Stadt Zürich
Kultur

Kanton Zürich
Fachstelle Kultur

Verlag und Autor danken herzlich.

Die edition 8 wird im Rahmen des Konzepts zur Verlagsförderung in der Schweiz vom Bundesamt für Kultur mit einem Förderbeitrag für die Jahre 2021–2024 unterstützt.

Besuchen Sie uns im Internet: Informationen zu unseren Büchern und AutorInnen sowie Rezensionen und Veranstaltungshinweise finden Sie unter www.edition8.ch

 Lektorat, Korrektorat, Typografie, Umschlag: Heinz Scheidegger & Ueli Oswald; Druck und Bindung: Beltz, Bad Langensalza.
Verlagsadresse: edition 8, Quellenstrasse 25, CH-8005 Zürich, Telefon +41/(0)44 271 80 22, info@edition8.ch

ISBN 978-3-85990-446-0

Im Krankenhaus

Vielleicht existiert es doch, das Schicksal. Vielleicht wollte eine Instanz, die mir fremd und nicht von dieser Welt ist, dass Ernestos Lebensgeschichte den Weg in die Öffentlichkeit findet. Das mag der Grund sein, warum der Tod zugewartet hat, obwohl er schon die Hand nach Ernesto und mir ausgestreckt hatte. Wobei … Ernesto stand dem Tod schon immer nahe, auch wenn sie nicht gerade Freunde waren.

Wir begegneten uns an einem Ort, den wir beide gerne gemieden hätten: im Krankenhaus. Wer schon einmal in einem Zweibett- oder Mehrbett-Zimmer einer Krankenstation gelegen hat, denkt jetzt wohl, »natürlich, Zimmergenossen«. Da liegt man ein paar Tage, wenn's dumm läuft ein paar Wochen, nebeneinander im gleichen Zimmer, kennt die Krankengeschichte des anderen, weiss, wer ihn besucht, was er bis anhin in seinem Leben gemacht hat und was er nach den Tagen im Krankenhaus alles anders machen will. Man bekommt mit, wie er nachts nicht schlafen kann, wie er weint, weil er sein Schicksal nicht ertragen kann, oder wie er schnarcht, beglückt, sein Leiden losgeworden zu sein. Vielleicht aber will der Nachbar auch nichts mit dem Zimmergenossen zu tun haben, starrt stundenlang in den TV-Monitor an der Wand oder versteckt seine Ohren unter Kopfhörern. Halt jeder so, wie er kann.

Vor Mitternacht

Nein, Ernesto und ich waren nicht Zimmergenossen, aber wir lagen auf der gleichen Station, Abteilung Chirurgie im dritten Stock des städtischen Krankenhauses. Es war in meiner vierten Spitalnacht, kurz nach elf. Ich konnte nicht schlafen, die Operationsnarben zwickten, der Rücken schmerzte vom Liegen. Bereits am Vormittag hatte ich erste Gehversuche unternommen, und nun beschloss ich, aufzustehen und mir im Flur die Beine zu vertreten. Ich schob mich über die Bettkante, schlüpfte in meine Wegwerf-Krankenhauslatschen und griff nach dem Infusionsständer, weil ich noch immer am Tropf hing. Ich schlurfte zur Türe, hinaus auf den Flur und machte ein paar Schritte. Mir wurde schwindlig. Ich steuerte die kleine Sitzgruppe an – zwei Sessel und ein kleines Tischchen, die sich an die Wand drängten – und liess mich auf eine der Sitzgelegenheiten fallen.

Ich versuchte, mich an die ersten drei Tage nach der Operation, die ich auf der Intensivstation verbracht hatte, zu erinnern, aber ausser Strukturen in der Farbe Rot wollte mir nichts einfallen. Es war ruhig und friedlich auf dem Flur, das tat mir gut. Nach ein paar Minuten öffnete sich eine der Zimmertüren. Ein Infusionsständer und eine Hand schoben sich in mein Blickfeld, dann der dazugehörige Besitzer. Der Patient suchte mit seinem Blick beide Seiten des Flurs ab, als würde er sondieren, ob die Luft rein sei. Er fixierte mich kurz und ging in die entgegengesetzte Richtung bis zu den grossen Scheiben am Ende des Flurs, hinter denen die Lichter der Stadt leuchteten. Ein paar Minuten verharrte er dort, wandte sich um und kam mir langsam entgegen. Auf meiner Höhe nickte er mir zu, ich nickte zurück. Er setzte seinen Ausflug bis ans andere Ende des Flurs fort. Auch dort hielt er eine Weile inne, schritt gleichmässig den Flur entlang zurück und blieb vor mir stehen:

»Kannst' wohl auch nicht schlafen«. »Der Rücken«, antwortete ich, »im Liegen krampft er, beim Gehen wird mir schwindlig.«. Er verzog das Gesicht, was man sowohl als Verständnis wie auch Bedauern deuten konnte. Er duzte mich, und das war völlig in Ordnung, vielleicht weil wir Leidensgenossen waren, vielleicht auch einfach, weil es spät in der Nacht war und wir die Einzigen auf diesem stillen Flur in der dritten Etage des Krankenhauses waren. Das schaffte Nähe.

»Ist recht, wenn ich mich ein paar Minuten hierhin setze?« Ohne meine Antwort abzuwarten, platzierte er seinen Infusionsständer neben dem zweiten Sessel, liess sich mit einem kurzen Seufzer auf die Sitzfläche fallen und murmelte »Scheiss-Ständer«. Der Mann war so ziemlich das Gegenteil von mir: massiv gebaut und mit gehörigem Bauchansatz. Die weissen, über der Stirn gelichteten, nackenlangen Haare waren streng nach hinten gekämmt, um sein Kinn rankte sich ein kleiner Bart, der sich der Kinnkante entlang bis zu den Ohren zog und in einen Backenbart überging. Die Oberlippe blieb knapp unter einem gepflegten Schnauzer verborgen, die vollen Wangen waren leicht vernarbt. Durch die kleine, dünn geränderte Brille fixierten mich zwei blaue Augen; in ihrem Blick lag etwas Schelmisches. Ich schätzte mein Gegenüber auf um die sechzig. Er hatte mich in Deutsch mit einem fremdländischen Akzent angesprochen. Als hätte sie sich in diesen mächtigen Körper verirrt, klang seine Stimme sanft und leise.

»Du bist nicht von hier?«, versuchte ich ein Gespräch in Gang zu bringen. Statt einer Antwort streckte er mir seinen Arm entgegen: »Ernesto«. Ich drückte seine grosse, warme Hand, nannte auch meinen Namen und wiederholte meine Frage.

»Aber ja doch, ich wohne hier, habe aber lange Jahre in Argentinien gelebt, den spanischen Akzent bin ich nie ganz losgeworden.«

Wie immer, wenn ich einem fremden Menschen begegne, begann ich Vermutungen zu Ernesto anzustellen und bastelte aus diesen eine Lebensgeschichte.

»Ausgewandert, gescheitert und zurückgekommen?«, fragte ich und bereute sogleich meine unangebrachte Neugierde.

»Ach was, ich bin in Argentinien geboren … also eigentlich in Ungarn …«, und nach einer kurzen Pause, in der er seine Gedanken zu sammeln schien, fügte er an: »Mein Leben beginnt rätselhaft und kompliziert, ich hoffe, dass es wenigstens ein klares Ende findet.«

Ich fragte mich, was denn an einer Geburt so rätselhaft sein sollte, dass man es nicht in einen Satz fassen konnte. Ich zog die Augenbrauen hoch, richtete meinen fragenden Blick direkt auf Ernesto und wartete auf die Fortsetzung seines abgebrochenen Satzes. Ernesto nahm sich Zeit.

»Ernesto? Erzähl doch, wie das damals war, als du geboren wurdest.«

»Ich weiss nicht, ob du das alles hören willst, ist eine lange Geschichte.«

»Die Nacht ist noch jung, du und ich, wir können beide nicht schlafen und sitzen hier im Flur der chirurgischen Abteilung. Also, fang an.«

Ernesto lächelte sanft, rückte sich auf seinem Stuhl zurecht, atmete tief durch und schien die Anfänge seines Lebens zu ordnen.

»Beinahe mein ganzes Leben lang dachte ich, ich sei in Argentinien geboren. Ich habe den argentinischen Pass und eine argentinische Geburtsurkunde, in der schwarz auf weiss mein Geburtsdatum steht. Und ebenso lange hielt ich die Frau, mit der mein Vater zusammenlebte und die ich Mamma nannte, für meine Mutter. Vor ein paar Jahren erfuhr ich von meiner vermeintlichen Schwester

Mirjam, dass Natalie zwar ihre, aber wohl nicht meine Mutter war. Auch wenn uns alle für Geschwister hielten: Mirjam, die acht Jahre älter ist, und ich haben weder denselben Vater noch dieselbe Mutter. Nach unserer gemeinsamen Kindheit hatte ich Jahrzehnte keinen Kontakt zu ihr, sie lebt in Argentinien. Vor drei Jahren hatte Mirjam eine Gehirnblutung und liess mir, wohl angesichts ihres befürchteten Todes, durch ihre Söhne das fehlende Puzzleteil zukommen, welches das Bild meiner Kindheit ins richtige Licht rückte. Natalie hatte ihrer Tochter Mirjam Schweigen abgepresst, indem sie ihr drohte, ›Nur wenn du deinem Bruder nichts verrätst, wirst du erfahren, wer dein leiblicher Vater ist.‹ Mirjam erfuhr es nie, die Mutter hinterliess nach ihrem Tod kein Testament und keine schriftlichen Notizen darüber. In Mirjams Pass ist nicht der Nachname meines Vaters, sondern der Mädchenname ihrer Mutter eingetragen. Da haben wir etwas gemeinsam: Mirjam weiss, wer ihre Mutter ist, kann aber nur ahnen, wer ihr Vater war. Ich kenne zwar meinen leiblichen Vater, muss mich aber mit Vermutungen über meine Mutter zufriedengeben. Siehst du, das ist alles reichlich verworren, willst du wirklich, dass ich weitererzähle?«

»Jetzt, wo du die Puzzleteile beisammenhast, möchte ich gerne einen Blick darauf werfen.

»Dann muss ich wohl etwas weiter ausholen. Jede Lebensgeschichte beginnt mindestens eine Generation zuvor. Mein Vater Rajmund stammte aus einer ungarischen Familie, die zum Hochadel zählte und sich auch nur in diesen Kreisen bewegte. Er wollte Ingenieur werden und Windmühlen bauen, wurde aber von seinem Vater gezwungen, Medizin zu studieren. Aus Erzählungen weiss ich, dass er nach dem Zusammenbruch der österreichisch-ungarischen Monarchie zusammen mit einer

Schwester und der Mutter in der Schweiz Unterschlupf fand. Alle anderen Familienmitglieder sollen auf der Flucht ums Leben gekommen sein. Mein Vater wurde trotz ungarischer Abstammung in der Schweiz geboren, und besass neben der ungarischen auch die Schweizer Staatsbürgerschaft. Nach der Flucht lernte er seine erste Frau Sarah kennen. Sie stammte aus einer wohlhabenden Familie im Thurgau. Die Beiden heirateten, und Rajmund soll zeitweise die Geschäfte des Schwiegervaters geführt haben. Als Kind hatte ich keine Ahnung davon, dass mein Vater bereits schon einmal verheiratet war. Deshalb irritierte mich im Jahre 2000 ein Brief der Gemeinde Stein am Rhein, in dem ich als Sohn des Rajmund und der Sarah Weller darüber informiert wurde, dass Sarah Weller in einem Altersheim der Gemeinde verstorben sei. In dem Schreiben war vermerkt, dass Sarah einen Sohn geboren hatte, der zuerst als verschollen galt und später für tot erklärt wurde. Ich informierte die Gemeinde, dass es sich um eine Verwechslung handeln müsse, meine Mutter heisse nicht Sarah, sondern Natalie. Sie sei vor fünf Monaten gestorben und könne somit nicht nochmals sterben. Damit liess ich es bewenden – bis mir Mirjam vor drei Jahren das fehlende Puzzleteilchen zuschob.«

Ernesto legte eine kurze Verschnaufpause ein, streckte den Rücken durch, wobei sich sein mächtiger Bauch noch etwas mehr nach vorne wölbte.

»Mein Vater war ein Nazi, vielleicht hatte ihn die Wut auf die Aristokraten in ihre Arme getrieben, vielleicht passte ihm ihre Gesinnung wirklich. Er musste seine Karriere als Arzt beenden, weil er in Budapest einem todkranken Patienten beim Sterben geholfen hatte. Er verlangte für den Sterbenden nach einem Priester, doch der machte gerade Siesta und verweigerte dem Todgeweihten die letzte Ölung. Mein Vater ging geradewegs zum Pater nach Hause, verpasste ihm zwei, drei Ohrfeigen und schleppte ihn ins Krankenhaus. Das quittierte die katholische Kirche mit seiner Exkommunikation. Danach machte er mit den Nationalsozialisten Geschäfte. Er reiste in den Dreissigerjahren auffällig oft nach Argentinien und Ungarn, welches damals eine nazifreundliche Politik betrieb. Von Sarah liess er sich 1943 scheiden, wohl weil sie Jüdin war. Unklar bleibt, ob er sich im nationalsozialistischen Umfeld von seiner jüdischen Frau trennen musste oder ob er sie schützen wollte, nachdem sich das Kriegsglück gegen die Deutschen zu wenden begann und Nazis in der Schweiz gemieden wurden.

1944 emigrierte er nach Argentinien. 1945, nach Kriegsende, folgte ihm Sarah in das südamerikanische Land. 1947 lernte mein Vater Natalie kennen, die mit ihrer einjährigen, ausserehelichen Tochter Mirjam aus der französischen Schweiz nach Buenos Aires geflüchtet war. Das klingt für mich verdächtig nach einer Dreiecksgeschichte. Wie auch immer: Mirjam liess mir angesichts der erlittenen Hirnblutung durch ihre Söhne ausrichten, dass nicht Natalie, sondern Sarah meine Mutter sei. Das war das fehlende Puzzleteil. Nach ihrer Genesung rief mich Mirjam an und sagte, sie erinnere sich nicht, ihre Mutter Natalie schwanger gesehen zu haben. Ich hätte plötzlich im Kinderbettchen gelegen und sie als Achtjährige sei nie auf ein Geschwisterchen vorbereitet worden. Sie erzählte, wie sie geschrien habe, sie wolle diesen Bruder nicht. In ihrem Zorn habe sie das Kinderbett umgestossen. Mirjam und ich waren uns einig, wie das abgelaufen sein musste: Sarah folgte Rajmund nach dem Krieg nach Argentinien – sie waren noch immer ein Paar, wenn auch im Verborgenen. Nachdem Rajmund und Natalie zusammengekommen waren, zogen die beiden mit der kleinen Mirjam unter ein Dach. Einer erneuten Heirat standen Rajmunds Scheidung und Exkommunikation im Wege. Erst 1956, nach der offiziellen Trennung von Kirche und Staat in Argentinien, wurde die zivile Trauung mit Natalie möglich. Sarah wurde zur Schattenfrau. Offiziell sorgte Rajmund für Natalie und ihre aussereheliche Tochter, die er aber nie adoptierte. Heimlich traf er sich weiter mit Sarah, die 1954 mit mir schwanger wurde. Ich stelle mir vor, Rajmund löste das Problem auf seine typische Art; er war ein Dealmaker. Er überzeugte, oder eher, er erpresste Natalie etwa mit den Worten, ›Ich heirate dich, sorge für dich und Mirjam, dafür spielst du anstelle Sarahs die Mutter ihres ungeborenen Kindes. Entweder so oder ich lass dich fallen‹. Das Angebot an Sarah war wohl noch schlimmer: ›Du gibst dein Kind frei, ich und Natalie sorgen für sein Wohl, oder du bist mit dem Balg ganz auf dich alleine gestellt‹. Ich habe mich oft gefragt, warum sich Sarah auf diesen Deal einliess. Ich denke, sie sah für mich bessere Zukunftschancen, wenn ich in den finanziell gesicherten Familienstrukturen des Vaters aufwachsen konnte. Als Schattenfrau mit unehelichem Kind in einem durch und durch patriarchalen Argentinien – das bot keine Zukunft.

Kurz vor ihrer Niederkunft reiste Sarah mit meinem Vater und Natalie nach Budapest. Nach der Geburt kehrte Natalie mit mir in den Armen und meinem Vater an der Seite als frischgebackene Mutter nach Buenos Aires zurück. Sarah folgte ein paar Tage später nach und blieb die Schattenfrau. Die bürokratischen Ungereimtheiten löste mein Vater ganz unbürokratisch mit ein paar freundlichen finanziellen Zuwendungen an die involvierten Beamten. So bin ich wohl auch als verschollen und für tot erklärt in die Akten meiner Mutter eingegangen.

Sarah sah ich zum ersten Mal, als ich vier war. Natalie beauftragte meine Schwester Mirjam und mich, meinen Vater von einem Ort unweit unseres eigenen Anwesens nach Hause zu holen. Mir ist vor allem die Einrichtung in Erinnerung geblieben; die Lampen waren mit roten Tüchern abgedeckt und warfen ein schummriges Licht auf Art Déco Objekte und Jugendstil-Möbel., Mein Vater stand im Flur und neben ihm diese Frau, Sarah. Niemand sagte mir, wer sie war und warum mein Vater bei ihr war. Jahre später traf ich sie noch zweimal in Buenos Aires. Natalie stellte sie mir als gute Freundin und Lehrerin vor. Später erzählten mir Leute im Altersheim von Stein am Rhein, dass sich Sarah mit dem Verkauf von Alltagsgegenständen über Wasser gehalten haben soll. Die beiden Frauen sprachen bei diesen Treffen, die mich langweilten, über meinen Vater und meine Leistungen in der Schule. Als Kind wunderte ich mich, wie gut Sarah über meinen Vater informiert war und warum sie weinte, wenn wir uns trennten. Wenn sie meine leibliche Mutter war, macht das plötzlich alles Sinn. So einfach ist das.«

Ernesto stand auf und blickte zur Uhr, die über der Sitzgruppe an der Wand hing. »Siehst du, es ist bald Mitternacht, und ich bin eben erst geboren worden. Weiss der Teufel, warum ich das alles gerade dir erzähle. Na ja, vielleicht hast du recht, die Nacht ist noch jung und wir können beide nicht schlafen. Aber jetzt gehe ich erst mal pinkeln.« Er schnappte sich seinen Infusionsständer und verschwand in seinem Zimmer. Ich spürte meine verhärteten Muskeln im Rücken, dehnte vorsichtig meinen Oberkörper, gerade genug, um die Muskeln zu dehnen, aber nicht zu viel, dass meine jungen Operationsnarben rissen. Ich blickte den Flur entlang, aus dem Zimmer der Stationsschwestern drang ein Lichtschein, der auf der gegenüberliegenden Wand ein helles Rechteck zeichnete. Über jeder Türe war eine kleine Leuchte angebracht, die rot aufblinkte, wenn ein Patient um Hilfe klingelte. Die Krankenzimmer waren mit kleinen Plaketten beschriftet, der Sitzgruppe gegenüber lag Zimmer A 3.6, was wohl den Krankenhaustrakt, das Stockwerk und das Zimmer benannte. Erstaunt stellte ich fest, dass ich mir bei meinen Gehversuchen am Vormittag die Nummer meines Zimmers nicht gemerkt hatte, sondern lediglich, dass es die Türe neben dem Stationsbüro war. Ernesto kam zurück, liess sich auf seinen Sessel fallen und deutete zwischen seine Beine: »Ging auch schon schneller.« Ich wusste, wovon er sprach.

»Meine Kindheit verbrachte ich in Dolores, einer kleinen Ortschaft rund zweihundert Kilometer südlich von Buenos Aires und fünfzig Kilometer vom atlantischen Ozean entfernt. Die Strassen waren kaum asphaltiert und verwandelten sich in der Regenzeit in glitschige Schlammpisten. Dolores besass einen Gleisanschluss für den Zug nach Buenos Aires, aber der Personen-Bahnbetrieb war schon länger eingestellt. Wir wohnten gut fünf Kilometer ausserhalb des Dorfes auf einem 40'000 Hektaren grossen Gutsbetrieb in einer Villa, die ein Engländer im Kolonialstil erbaut hatte. – Du siehst aus als könntest du mit Angaben in Hektaren nicht viel anfangen. Ich kann dir helfen; die Farm entsprach etwa der Fläche der beiden Appenzeller Kantone oder, wenn‹s dir lieber ist, der Stadt Wien. – Der Eingang zum Grundstück führte unter einem steinernen Torbogen hindurch. Gleich dahinter stand das Pförtnerhaus, eine Barriere versperrte die freie Zufahrt. Von da weg zog sich ein zwei Kilometer langer Weg durch das Gelände zum Hauptgebäude hin.

Das Anwesen war für mich ein unüberschaubarer Kosmos, in dem ich meine eigene Welt hatte. Aus Erzählungen weiss ich, dass ich einmal als Zweijähriger krank im Bett lag. Mein Vater musste für ein paar Tage nach Buenos Aires und befahl unserem Hund, auf mich aufzupassen. Dieser befolgte den Auftrag eindrücklich: Er liess niemanden an mein Bett und biss Natalie in die Hand, als diese sich mir näherte. Ihr blieb nichts übrig, als meinen Vater telegrafisch aufzufordern, unverzüglich zurückzukommen.

Meine frühste, eigene Erinnerung ist ein Traum, den ich als Dreijähriger immer und immer wieder träumte. Ich folgte Bahnschienen hinein in einen Tunnel. Die Dunkelheit machte mir Angst, ich wachte auf, schrie und weinte. Einmal aber zwang ich mich im Traum trotz der furchteinflössenden Dunkelheit weiterzugehen. Plötzlich sah ich weit vor mir einen hellen Punkt, der grösser und grösser wurde, bis er sich als Ende des Tunnels erwies. Das Licht am Ausgang machte mich unendlich froh und zuversichtlich. Es war das letzte Mal, dass mich dieser Traum plagte.

Ein Jahr später hatte ich ein Nahtod-Erlebnis. Mit Mirjam und ihrer Freundin durfte ich am nahegelegenen Fluss baden gehen. Die beiden Mädchen spielten mit einem Ball und bemerkten nicht, wie ich ins Wasser sprang und in einen Strudel geriet, der mich unter die Wasseroberfläche zog. Diese Erinnerung ist auch heute noch unglaublich nah: Ich kämpfe, halte den Atem an, versuche immer wieder an die Wasseroberfläche zu kommen. ›Jetzt ist fertig, ich atme jetzt einfach‹, denke ich. Noch heute spüre ich, wie Wasser durch die Nase in die Lunge floss und ich unbeschreibliche Ruhe und Frieden in mir fühlte. Da war Licht, unendlich viel Liebe und Fürsorge, und ich hörte zwei Stimmen: Eine sagte,

›Komm mit, gib auf‹, die andere rief, ›Nein, du musst weiterkämpfen‹. Die Entscheidung, der einen oder anderen zu folgen, wurde mir abgenommen. Rajmund hatte mich aus dem Wasser gezogen, presste meinen Brustkorb und machte eine Herzmassage. Ich weiss nicht, wie ich mich entschieden hätte, wenn ich die Wahl gehabt hätte. Seit jenem Tag bin ich mit dem Tod per du.

Im Kindergarten blieb ich nur ein paar Wochen. Ich langweilte mich, wollte in die richtige Schule, was letztlich bewilligt wurde. Morgens besuchte ich die öffentliche Schule am Nachmittag eine private, weil Rajmund und Natalie fanden, dass die öffentlichen Schulen in Argentinien nichts taugten. Nachmittags lernte ich vor allem Sprachen und etwas über europäische Kultur. Viel Wert wurde auf gute Tischmanieren und Gesprächsführung gelegt. Letzteres fand ich überflüssig, weil ich es nicht anwenden konnte. Meistens sass ich in meiner Kindheit nur mit Natalie am Tisch, mein Vater ass selten mit uns.

Meine Schwester wurde früh in eine Klosterschule geschickt. Das hatte seinen Ursprung in einem Streit an Weihnachten: Rajmund wollte, dass wir zuerst essen und singen, Mirjam, damals vielleicht zwölfjährig, wollte zuerst die Geschenke öffnen. Sie tobte und schrie Rajmund an: ›Du bist nicht mein Vater!‹ Rajmund schwieg, stand auf und verliess das Esszimmer. Auch Mirjam verzog sich und zuletzt lief Natalie hinterher. Ich blieb alleine am Tisch und spielte mit dem Besteck. Ich versuchte, diesen folgenschweren Streit, der nichts mit mir zu tun hatte, einfach auszusitzen. Mirjam wurde danach in die Klosterschule gesteckt und besuchte uns nur noch an einem Wochenende im Monat. Wenn sie zuhause war, stritten wir oft. Einmal warf sie ein Messer nach mir – schau, hier kannst du die Narbe noch sehen. Ich schmiss einen

Kochlöffel nach ihr, traf aber ein Küchenfenster, das in Brüche ging. Oft provozierte sie mich und stellte mich vor anderen bloss. Wenn sie besonders wütend war, schrie sie, ›Du bist nicht mein Bruder!‹ Meine Eltern, wenn ich die beiden jetzt mal so nennen will, hatten einfach keine Zeit für mich, ich empfand sie als verständnislos. Wärme spenden und Trösten schienen für sie Fremdworte zu sein. Natalie redete immer von ›diesem Mann da‹, aber nie von Papa.

Mein Muttersatz war die Köchin, eine dicke, dunkelhäutige Brasilianerin. Ich nannte sie Nana. Sie hielt immer eine Nachspeise für mich bereit, zum Beispiel Spaghetti mit Zucker und Zitrone oder andere unglaubliche Kombinationen. Ich mochte diese Naschsachen, vor allem aber liebte ich Nana, die immer ein gutes Wort für mich fand. Pele, ihr Ehemann, war einer unserer Gärtner und unser Chauffeur, der mich täglich zur Schule fuhr. Jedes Mal, wenn er auf der Fahrt dahin anhalten musste, versuchte ich wegzulaufen, weil ich mich schämte, chauffiert zu werden. Bis er mir erklärte, dass er zur Verantwortung gezogen werde, falls mir etwas passiere. Danach liess ich es bleiben. Um uns beiden gerecht zu werden, trafen wir eine Abmachung: Pele liess mich zweihundert Meter vor dem Schulhaus aussteigen, damit ich wie alle anderen Kinder zu Fuss in der Schule ankam – folgte mir aber im Auto unauffällig bis ich im Gebäude verschwunden war. Im Pförtnerhaus beim Tor lebte ein zweites Ehepaar, das den Zugang zum Anwesen überwachte. Neben einem guten Dutzend weiterer Angestellter war da noch Mademoiselle Olivet aus der Westschweiz. Sie war meine Gouvernante, die mich erziehen sollte, der ich mich aber so oft wie möglich unter irgendwelchen Vorwänden entzog. Natalie verschanzte sich tagsüber in ihrem Büro und regelte die Familienfinanzen. Wollte ich zu ihr, musste ich zuerst bei ihrer ebenfalls zum Angestelltenkreis gehörenden Sekretärin um eine Audienz bitten.

Vor allem aber hasste ich es, stets Anzug mit kurzer Hose und Krawatte tragen zu müssen. Ich war ein wilder Junge und wollte immer an meine Grenzen gehen, etwa im Schwimmbad vom 5-Meter-Turm springen, obwohl ich nicht schwimmen konnte. Ich sprang nahe am Beckenrand ins Wasser und zappelte im Hunde-Stil zur Leiter, um aus dem Pool zu steigen. Riskante Dinge reizten mich, zum Beispiel Pistolenpatronen auf die Zugschiene legen. Wenn die Lokomotive darüberfuhr, gab das eine wunderbare Explosion. Vieles, was ich anstellte, blieb meinen Eltern verborgen. Vielleicht interessierte sie auch nicht, was ich den Tag durch so trieb.

Die öffentliche Schule war kaum besser als der Kindergarten. Ich sollte stillsitzen und zuhören, aber vieles von dem, was da gelehrt wurde, wusste ich schon und langweite mich. Ich störte deshalb den Unterricht, musste stundenlang mit Eselsohren auf dem Kopf in der Ecke stehen oder wurde vom Lehrer einfach nach Hause geschickt. Mit den Mädchen in der Schule verstand ich mich prima und wurde dafür von den Jungs ausgelacht und geschlagen. Wenigstens lernte ich so, mich zu wehren und zurückzuschlagen. In der Privatschule am Nachmittag fand mein Wissenshunger mehr Nahrung, ich strengte mich an und lernte, auch wenn ich manches nicht verstand. Dann las ich die Bücher eben mehrmals oder befragte andere zum Thema, bis ich glaubte, die Sache verstanden zu haben. Neben uns drei Schweizern nahmen ein Franzose, ein Deutscher und ein Belgier am Nachmittagsunterricht teil. Mädchen waren keine in der Klasse. Über sie zu reden, war Tabu.

Mein Vater und Natalie wollten, dass ich eine adlige Erziehung bekomme; ich sollte mich auch nur in diesen Kreisen bewegen. Meine Freunde fand ich aber oft unter den Kindern der Angestellten und Landarbeiter; das gefiel meiner Mutter nicht, wir mussten uns heimlich treffen. Für die Eltern der Freunde war ich ebenfalls verdächtig, wenn ich mit ihren Kindern spielte: Was will der von unseren Kindern? Ich wäre lieber mit denen zusammen gewesen, die weniger hatten, sie schienen mir glücklicher zu sein. War ich wieder einmal abgehauen, rief Natalie oder die Gouvernante das Postbüro im Dorf an. Jemand von der Post wurde beauftragt, nach mir zu suchen und mich nach Hause zurückzubringen. Mit den Jungs versuchte ich Fussball zu spielen, lieber war ich aber mit den Mädchen zusammen. Da war nicht dieser Kampf unter Buben – wer ist der Grösste, der Stärkste … Bei den Mädchen war das viel menschlicher; ich war für sie auch keine Bedrohung, weil ich jünger war. Meistens waren das Töchter der Angestellten, die auf unserem Anwesen oder im Dorf wohnten. Und da war Andrea, Dede genannt, die Tochter der Familie Bonnay, die Bekannte meines Vaters waren. Dede war in jener Zeit meine beste Freundin, meine Eltern hatten nichts dagegen, wenn wir miteinander spielten. Als ich einmal gemeinsam mit meinem Freund Geraldo bei ihr zu Hause war, spielte sich dieser immer in den Vordergrund und plusterte sich auf. Das ärgerte mich gewaltig, ich fand, ›Das ist meine Dede‹, und spürte zum ersten Mal Eifersucht.

Kurz darauf migrierten die Bonnays, die französische Wurzeln hatten, zurück nach Frankreich. Und Dede, meine Dede, ging mit ihnen. Ich sehe heute noch den riesigen Passagierdampfer ›Eugeni C‹ von der Mole im Hafen von Buenos Aires ablegen. Irgendwo weit da oben musste Dede sein, ich sah sie nicht und weinte bitterlich. Mein allerbester Freund in jenen Tagen aber war Rindi.«

Ernesto hatte aufgehört zu sprechen. Es schien, als wäre er nach Dolores zurückgekehrt, zurück in die trüben Tage seiner Kindheit, zu Dede, und als würden seine Gedanken jetzt bei Rindi verharren, von dem ich bis jetzt nicht mehr wusste als seinen Namen. Ich nutzte das Schweigen, um in meine eigene Kindheit zurückzukehren. Ich bin in einem Alter, in dem Ereignisse aus den frühen Tagen wieder gegenwärtig werden. Manche erscheinen heute in einem anderen Licht, man versteht, was damals unbegreiflich war. Andere schmerzen noch genau so wie damals, als wären seither nicht Jahrzehnte vergangen. Es gibt Dinge, die wie Unwetter über die verletzliche Bodenschicht der Kindheit fegen – so heftig, dass kein Gras mehr darüber wachsen kann. In dieser Nacht war ich froh, dass ich nicht Ernestos Kindheit hatte leben müssen. Ich versuchte Ernesto aus Dolores zurückzuholen. »Rindi war also dein bester Freund – ein Schulkollege von dir?« Er wandte sich mir zu, staunend, als habe er meine Frage nicht verstanden. Dann huschte ein Lächeln über sein Gesicht. »Rindi, ein Schulkollege? Nein, wo denkst du hin, Rindi war mein Hund.« Er holte tief Luft und erzählte weiter.

»Mit Rindi war ich immer zusammen, vierundzwanzig Stunden am Tag war er bei mir. Er gab mir diese schrankenlose Zuneigung, die ich sonst nicht bekam, ausser vielleicht von unserer Köchin Nana. Rindi schenkte mir, was ich von meinen Eltern gebraucht hätte, Liebe, Zärtlichkeit, Sicherheit. Rindi war ein Schäferhund und ursprünglich für andere Aufgaben vorgesehen, als ein Kind zu hüten. Mein Vater dressierte Hunde für die argentinischen Grenzwächter. Das war in der Zeit, als General Strössner in Paraguay an die Macht kam und viele politische Gegner über den Rio Paraná-Fluss nach Argentinien flüchteten. Der Rio Paraná ist an der Grenze zu Argentinien über vier Kilometer breit, die Strömungen sind sehr stark. Viele Flüchtlinge schafften es nicht ans sichere Ufer. Die Hunde waren darauf abgerichtet, in Not geratene Schwimmer aus dem Wasser zu retten. Zuhause legte Natalie jeweils eine Münze in einen Topf: ›Jede Münze steht für einen Menschen, den die Hunde lebend gerettet haben‹, erklärte sie mir. Rindi war für den Zolldienst ungeeignet, deshalb entschied mein Vater, ihn mit nach Hause zu nehmen. Mit Rindi konnte ich herumstreunen und fühlte mich sicher. Einmal hatte ich den spontanen Einfall, die Wellen des fünfzig Kilometer entfernten Meeres zu sehen und den Sand unter meinen Füssen zu spüren. Ich bat einen mir bekannten Lastwagenfahrer in Dolores, mich und Rindi auf seine Tour ans Meer mitzunehmen. Als wir nach Einbruch der Dunkelheit zurückkehrten, war das ganze Dorf in Aufruhr und suchte nach mir. Man fürchtete, dass ich in eine Schlägerei verwickelt oder gar gekidnappt worden war. Kinder reicher Eltern hatten in den Armenquartieren nichts zu suchen – und umgekehrt. Aber ich wurde überall respektiert – wenn ich ehrlich sein will: Der Respekt galt eher Rindi als mir. Mit ihm an meiner Seite lebte ich in einer unbeschwerten Kinderwelt, spielte mit Bauklötzen und trieb mich herum. Rindi war mein Begleiter und mein bester Freund, bis ich neun war. Bis er starb. Danach war nichts mehr wie zuvor.

Am Abend, bevor er starb, hatte Rindi sich Nanas Fleischgericht vom Esstisch geschnappt und gefressen. Und in der Folge hatte mein Vater Rindi zum ersten Mal geschlagen. Am nächsten Morgen kam der Hund nicht in mein Zimmer. Das war nämlich ein tägliches Ritual: Am frühen Morgen weckte Rindi zuerst Natalie, damit sie aufstand und Frühstück zubereitete, danach begrüsste er Rajmund, um anschliessend zu mir zu kommen. An diesem Morgen war Rindi nirgends zu finden, stattdessen entdeckte ich auf dem Holzboden eine mit rötlich gefärbten Zeitungen abgedeckte Stelle. Ich fragte, ›Wo ist Rindi?‹, sie antworteten, ›Er ist tot‹. Niemand wollte weiter mit mir darüber reden; auch Mirjam, die gerade bei uns in den Ferien war, wusste etwas. Vermutlich erschoss ihn mein jähzorniger Vater nach dem Vorfall des Vorabends.

Nach Rindis Tod brach für mich die Welt zusammen. Natalie erzählte mir später, ich hätte eine Woche lang um ihn geweint. Danach sei ich nicht mehr derselbe gewesen, sie habe mich nicht wiedererkannt. Wie kann sich ein Kind so verändern! Für mich war Rindis Tod ein Wendepunkt in meinem Leben: Ich wurde aus der Kindheit herauskatapultiert, heraus aus dem Gefühl von Sicherheit und Zuneigung, die mir der Hund gegeben hatte.

Ich wollte sofort einen neuen Hund, nicht um Rindi zu ersetzen, sondern um ein Wesen um mich zu haben, das mir Schutz und Wärme gab. Ein paar Tage danach begegnete ich auf der Strasse einem schwarzen, ausgemergelten Hund und nahm ihn mit nach Hause. Rajmund verlangte, dass ich das Tier am nächsten Morgen wieder aussetzen müsse, weil er voller Würmer war. Ich brachte den Hund zurück ins Dorf, doch niemand wollte sich um ihn kümmern, weil er so abgemagert und krank war. Versuchte ich mich davonzumachen, schlich er hinterher. So ging das ein paar Stunden, bis ich eine Lösung fand. Auf der Landstrasse näherte sich ein Cabrio mit zwei jungen Paaren. Ich schwenkte meine Arme und brachte das Auto zum Stoppen. Ich schilderte mein Problem, und bat die Insassen, den Hund mitzunehmen. Doch der Fahrer erwiderte schroff, ›Kleiner, du spinnst wohl‹. Aber eine der Frauen im Fond des Wagens sagte, ›Komm schon, wir helfen ihm. Wir nehmen den Hund mit und setzten ihn später irgendwo aus‹. Ich hob den Hund zu den Frauen ins Auto und das war's.

Der Tod Rindis war ein Wendepunkt in meinem Leben. Diesen erdrückenden Schmerz hatte ich kennengelernt, als Dede mit dem Schiff zurück nach Europa fuhr, noch stärker packte er mich jetzt. Doch neu spürte ich in mir jetzt auch noch eine lähmende Kälte, die ich zuvor nicht gekannt hatte. Da war nur noch Schmerz und Kälte in mir.«

Ernesto schwieg und auch mir war nicht zum Reden zumute. Diesmal war ich nicht im Flur des Krankenhauses geblieben, sondern mit ihm nach Dolores zurückgekehrt: Ich sah die blutgetränkten Zeitungen auf dem Holz, Nana, die in einer Ecke stand und den kleinen Ernesto mitfühlend beobachtete, wie er nach Rindi rief, wie er spürte, dass etwas nicht stimmte, wie ihn die Bediensteten anschwiegen, bis ihm vielleicht Natalie oder gar der Vater selbst sagte, dass Rindi tot sei. Wie er fassungslos zu Nana blickte, die ihn hätte in die Arme nehmen und trösten wollen, wenn sie gedurft hätte, aber nicht konnte, weil Natalie oder Rajmund zugegen war und dies nicht zugelassen hätte. Ich sah den neunjährigen Ernesto in seinen kurzen Hosen und mit umgebundener Krawatte auf die rot gefärbten Zeitungen starren. Auch die jungen Leute in ihrem Cabrio sah ich vor mir, unbeschwert und zum Spassen aufgelegt, die Frauen mit Kopftüchern gegen den Fahrtwind. Und den kleinen Ernesto, erstarrt vor innerer Kälte, wie er dem Wagen nachblickte – ein Knabe, der aus der Kindheit entlassen wurde.

Diese inneren Bilder reihten sich aneinander, bis ich zurückkehrte und Ernestos gealtertes Gesicht neben mir sah. In seinen Augen standen Tränen. So sassen wir, vielleicht Minuten, vielleicht auch eine Viertelstunde, ich weiss es nicht. Ernesto deutete mit dem Finger auf die Uhr über uns, der grosse und der kleine Zeiger hatten die Ziffer zwölf überschritten, der neue Tag war angebrochen. »Heute kann ich nach Hause, hat der Arzt gesagt.« Ich hörte Ernesto, aber es interessierte mich nicht, ich wollte zurück nach Dolores. »Erzähl mir mehr über Dolores. Was war dein Vater für ein Mensch?«

Nach Mitternacht

»Mein Vater war Ingenieur und nicht Farmer. Was ihn an dieser weitläufigen Hazienda reizte, ist mir unbekannt, vielleicht die unglaubliche Grösse. Soviel ich weiss finanzierte er den Kauf aus einer Erbschaft Natalies. Als Kind hielt ich ihn für einen grossen Erfinder. Er schloss sich tagelang in seinem Arbeitszimmer ein oder war unterwegs, um Projekte zu realisieren oder Fabriken zu bauen. Sein Arbeitszimmer hatte eine kleine Klappe in der Wand, durch die ihm das Essen gereicht wurde, wenn er über seinen Erfindungen brütete und auf keinen Fall gestört werden wollte. Den Raum durfte nur betreten, wer dazu aufgefordert wurde. An der Anzahl Teller, die sich in seinem Büro angesammelt hatten, erkannte man, wie viele Tage er schon dort zugebracht hatte. So erfindungsreich er war, so wenig taugte er als Geschäftsmann; mit Geld konnte er nicht umgehen, Natalie kümmerte sich um die Finanzen seiner Projekte. Rajmund war ein Tüftler, wenn ihm etwas nicht mehr passte, liess er das Projekt fallen und fing etwas Neues an. Sein Basteltrieb kam mir als Kind zugute, er baute für mich zum Beispiel einen Go-Kart mit kleinem Benzinmotor. Besonders in Erinnerung geblieben ist mir, wie ich, als gerade der Milchmann mit seiner Pferdekutsche vorbeikam, in meinem kleinen Renner sass, Gas gab und versuchte, unter dem Bauch des Pferdes durchzufahren. Der Gaul scheute, galoppierte davon und die Milchkannen stürzten scheppernd zu Boden. Natürlich setzte es eine Strafe ab; darin zeigte sich Rajmund durchaus kreativ. Als ich mir einmal für ein kindliches Experiment ein Röhrenradio geschnappt, das Gehäuse entfernt und das Innere mit Wasser übergossen hatte, musste ich zur Strafe eine Woche bei einem Freund meines Vaters in dessen Radio-Geschäft aushelfen. Ich lernte dabei, Radios wieder zum Laufen zu bringen. Weil ich als Knabe kleine Hände hatte, durfte ich auch helfen, Autoradios einzubauen. Das war die beste Strafe, die ich je erhalten habe.

Mein Vater war ein guter Schütze, er lehrte mich den Umgang mit Schusswaffen. Wir schossen im eigenen Schiessstand mit Gewehren aus der Zeit des Ersten Weltkrieges auf Scheiben in etwa hundert Meter Entfernung. Oder wir übten mit Pistolen auf zwanzig bis fünfzig Meter. Rajmund veranstaltete öfters weitherum bekannte und beliebte Schiesswettbewerbe. Sie dauerten den ganzen Tag, man sass beim Assado, einer Festmahlzeit, bei der ein halbes Rind oder ganzes Kalb am Spiess grilliert wird, und wetteiferte im Schiessen. Ich war stolz, wenn die Erwachsenen meine Treffsicherheit lobten. Vielleicht war ich wirklich gut, wahrscheinlicher ist aber, dass sie mich gewinnen liessen, um mir eine Freude zu machen. Die Waffen waren stets geladen und frei zugänglich im Haus verteilt. Ein Grund war wohl, dass Rajmund sich bedroht fühlte. Manchmal entwendete ich eine Pistole meines Vaters und machte ohne Begleitung eines Erwachsenen draussen im Gelände Schiessübungen. Ich nahm immer eine Pistole mit kleinem Kaliber, denn bei einem 9-Milimeter-Kaliber hätte mich der Rückstoss bestimmt zu Boden geworfen. Was ich damals noch nicht wusste: Das Schiesstraining sollte mir später von grossem Nutzen sein.

Bevor mir das fehlende Puzzleteil aus Mirjams Erzählungen die Augen öffneten, hielt ich meinen Vater für einen aufrechten Sozialisten, der Genossenschaften gründete und seine Fabriken teilweise günstig an die eigenen Arbeiter weiterverkaufte. Aber das war alles Tarnung, mein Vater war durch und durch Nazi. Während des Zweiten Weltkriegs rekrutierte er in Argentinien Männer und bildete sie an der Waffe aus, um mit den Deutschen gegen die Alliierten zu kämpfen. Meistens waren das Schweizer, die nach Argentinien ausgewandert waren. Nach dem Krieg war er stets in Machenschaften der herrschenden Elite Argentiniens involviert. Auch Dedes Vater war ein Kollaborateur der Nazis gewesen – und wohl auch der Grund, warum er mit der Familie nach Argentinien gekommen war und ich mit Dede spielen durfte. Mein Vater und Herr Bonnay waren geschäftlich liiert, Bonnay wollte Wolle und Leder nach Europa exportieren, und Rajmund konstruierte ihm eine Vorrichtung, um das Leder zu gerben. Das Geschäft lief mehr schlecht als recht, es gab in der Gegend zu wenig Schafe, die man hätte scheren können, und die Gerberei alleine brachte zu wenig Geld. Als ich einmal mit Natalie bei den Bonnays übernachtete, ging in jener Nacht die Scheune, in der die Wolle gelagert war, in Flammen auf. Tags darauf lief ich mit Dede zur Brandstelle. Wir stocherten in Schutt und Asche herum und entdeckten mehrere verkohlte Kisten voller angesengter Waffen. Damals fand ich das einfach aufregend, später wunderte ich mich, warum die Bonnays, die mitten in der Pampa lebten, in ihrer Scheune Dutzende Kisten mit Waffen gestapelt hatten. Im Dorf sprach man von Brandstiftung, bewiesen wurde nie etwas, und für wen die Gewehre bestimmt waren, blieb unklar. Ja, unter den ehrenwerten Herren von Dolores gab es viele mit einer dunklen, braunen Vergangenheit.«

Ernesto hatte sich richtig warm geredet, als hätten die Erinnerungen ein inneres Feuer entfacht. Doch plötzlich hielt er inne, seine Stimme wurde so leise, dass ich ihn kaum mehr verstand.

»Rajmund war nicht nur Nazi, er war auch ein Kinderschänder. Er missbrauchte mich und meine Schwester. Mirjam erinnerte sich, dass mein Vater nicht nur sie, sondern auch mich missbraucht hatte. Ich habe das Jahrzehnte verdrängt, den Missbrauch aus meinem Bewusstsein gelöscht, aber er war da, mein ganzes Leben lang, er prägte meine Sexualität und meine Beziehungen zu Frauen negativ. Erst in Gesprächen mit Mirjam vor einigen Jahren und mit dem Beginn einer Psychotherapie öffneten sich die Schleusen. All die widerlichen Bilder gelangten wieder ins Bewusstsein. Mirjam zeigte mir ein Foto eines Kindes mit langen Haaren in Fastnachtskleidung und sagte, ›Das bist du‹. Das war der Auslöser, der meine Erinnerungen weckte. Ich glaube, der Missbrauch begann, als Mirjam ins Kloster musste. Rajmund wollte, dass ich Mädchenkleider und lange Haare trug. Die Bilder kommen zurück: Wenn ich ein Bücherregal oder eine bestimmte Farbe sehe, habe ich Flashbacks. Rajmund holte mich jeweils unter dem Vorwand, meine Schrammen zu verarzten, die ich mir beim Spielen zugezogen hatte, in sein Arbeitszimmer, selbst wenn ich keine Verletzung hatte. Meine Schwester lockte er mit den Worten, sie solle ihm doch ihre Puppen zeigen, dann könnten sie zusammen spielen. Das Schlimmste war nicht der Akt an sich... Ich fand es ekelhaft den Penis des Vaters im Mund zu haben, aber mit der Zeit wurde ich beinahe gleichgültig. Ich begann, dabei die Rückenbeschriftung der Bücher im Regal zu lesen. Ich hoffte, dass es schnell vorbeiging und ich meine Ruhe hatte. Ausser diesen Übergriffen pflegte mein Vater keinen körperlichen Kontakt zu mir. So merkwürdig das heute klingt: Das Schlimmste war der Moment, wenn Rajmund nach Hause kam und ich mich fragte, ›Komme ich heute dran oder nicht?‹. Natürlich verbot mir Rajmund strikte, darüber mit jemandem zu reden. Er drohte, ›Wenn du redest, habe ich dich nicht mehr gern. Natalie hat dich dann auch nicht mehr gern‹ oder ›Wir werden dich vor die Türe setzen‹ oder ›Wir töten Rindi‹. Es kann nicht sein, dass Natalie nichts vom Missbrauch wusste. Aber sie unternahm nichts dagegen.

Zum Glück musste ich das nicht bei anderen machen. Dafür hatten die einflussreichen Männer von Dolores am Freitag ihre Herrenabende – Rajmund, der Polizeichef, der Dorfarzt, der Richter, Dedes Vater und auch Herr Berger, Geraldos Vater.«

»Ich habe Durst, ich geh mal rüber zu Schwester Viviane ins Stationsbüro. Ein Glas Wein wird sie mir kaum anbieten, aber zur Not tut's auch eine Tasse Lindenblütentee. Hast du Viviane schon kennengelernt? Sie hat diese Woche Nachtdienst auf unserer Station.« Während Ernesto den Gang entlang zum Stationsbüro schlurfte, versuchte ich das Bild von Viviane abzurufen. Vage konnte ich mich an die letzte Nacht erinnern. Jede Stunde war eine Frau mit rotblonden, zu einem Zopf geflochtenen Haaren an mein Bett gekommen, hatte meinen Puls und die Apparaturen überprüft. Ein oder zweimal hatte sie den entleerten Beutel der Kochsalzlösung vom Ständer genommen und durch einen neuen ersetzt. Ich erinnerte mich, dass ihre Hand an meinem Puls sich angenehm warm angefühlt hatte. Heute, kurz nach den Spätnachrichten, die ich am TV-Apparat in meinem Zimmer verfolgt hatte, konnte ich mein Bild von Viviane vervollständigen. Sie trat schwungvoll in mein Zimmer und begrüsste mich mit einem zufriedenen Lachen. »Guten Abend Herr Oswald, sieht aus, als würde es Ihnen heute schon deutlich besser gehen. Soll ich Sie zur Toilette begleiten oder schaffen Sie das schon ohne Hilfe?« Ich mochte sie sogleich, auch weil sie in ihren Fragen nicht diese unsägliche Wir-Form benutzte: »Wie geht es uns heute?«. Sie mochte um die Vierzig sein, auf dem kleinen Batch über ihrer Brust stand Viviane Nussbaumer und sie sagte, »Nennen Sie mich doch einfach Viviane«. Sie mass erneut meinen Puls und notierte den Wert auf der Tafel am Fussende meines Bettes: »Wir sehen uns ja noch ein paar Nächte«, sagte sie mit einem verschmitzten Lächeln, »ich habe noch die ganze Woche Nachtdienst.«

Ernesto trat aus dem Stationsbüro, im Schlepptau Viviane, die ein Tablett mit zwei Gläsern trug. Während sich Ernesto auf seinen Sessel fallen liess, stellte Viviane die beiden Gläser auf den Tisch, fixierte zuerst Ernesto, dann mich und sagte: »Meine Herren, das ist der letzte Drink, der hier serviert wird, die Sperrstunde ist längst vorbei. Aber was sag ich da, bei Ernesto redet man ja gegen eine Wand, das weiss ich mittlerweile, der macht die Nacht stets zum Tag und Schlafmittel will er keine nehmen. Jetzt seid ihr schon zu zweit. Wenn das so weitergeht, habe ich bald die ganze Abteilung hier draussen.« Ernesto blickte Viviane nach, bis sie in einem Krankenzimmer verschwunden war, trank Lindenblütentee und fragte mich: »Hast du noch nicht genug gehört? Überleg dir gut, ob du die Nacht mit meinen Schauergeschichten füllen willst.« Und weil wir beide wussten, dass ich wollte, setzte Ernesto seine Erzählung fort, ohne meine Antwort abzuwarten.

»Mein Vater starb 1963, im gleichen Jahr wie Rindi. Er wurde ermordet. Ich kann nicht sagen, dass mir der Verlust des Vaters besonders nahe ging. Es war ein Schock, es veränderte mein Leben, aber ich trauerte nicht um ihn. Im Gegenteil, ich war erleichtert: Endlich ist das vorbei, endlich muss ich nicht mehr zu ihm ins Arbeitszimmer. Bereits ein paar Monate zuvor war ein Anschlag auf Rajmund verübt worden. Er tötete den Angreifer, erlitt aber selbst einen Streifschuss. Ich erinnere mich, wie einige Polizisten auf dem Gelände Spuren sicherten und danach mit uns assen. Ein Beamter zeigte mir sein Funkgerät. Ich konnte ihm genau sagen, um welches Modell es sich handelte, und mein Wissen erstaunte ihn sehr. Die Tat selbst wurde totgeschwiegen, der genaue Hergang blieb mir verborgen. Lange dachte ich, Rajmund habe einen Angestellten erschossen, aber heute bin ich mir sicher, dass das Attentat im Zusammenhang mit seiner politischen Tätigkeit zu sehen ist. Der Anschlag wiederholte sich – diesmal mit anderem Ausgang.

Am Tag, als mein Vater erschossen wurde, war ich wieder einmal ins Dorf abgehauen. Eine Postbeamtin hatte mich in einer Gasse entdeckt und ins Amt mitgenommen. Ich spielte dort mit den Poststempeln, bis mich Rajmund auf dem Rückweg von Buenos Aires in Dolores abholte. Rajmund verbot mir stets, auf dem Beifahrersitz zu sitzen, und forderte mich auf, im Fond Platz zu nehmen. Der Wagen, eine argentinische Eigenproduktion, wirkte wie eine grosse Wellblechbüchse mit Türen und Rädern. Die Hintertüre auf der Fahrerseite klemmte, ich kletterte über den Fahrersitz in den Fond. Auf der Rückbank lag ein grosses Paket, das mein Vater aus Buenos Aires mitgebracht hatte, vielleicht wieder einmal Kaffee oder Schokolade aus der Schweiz, dachte ich. Ich hätte gerne gefragt, aber traute mich nicht.

Wir fuhren zu unserer Hazienda, passierten das Steintor am Eingang und mein Vater brachte den Wagen vor der Barriere zum Stehen. Unter dem Schlagbaum lag quer über den Weg eine Nagelsperre, welche die Reifen zerstochen hätte, wäre man darübergefahren. Der Pförtner kam nicht wie gewohnt aus dem Haus, um die Hindernisse zu entfernen, ich wollte aussteigen, um den Weg frei zu räumen. Rajmund befahl mir aber in scharfem Ton, mich hinter dem Fahrersitz in den Fussraum zu legen und keinen Mucks zu machen. Ich hörte, wie ein Gegenstand hinter das Hinterrad geschoben wurde, um ein Rückwärtsfahren zu verhindern. Aus den Augenwinkeln sah ich zwei Soldaten mit Gewehren hinter dem Pförtnerhaus hervorkommen. Sie befahlen meinem Vater, aus dem Wagen auszusteigen. Rajmund musste sich auf der Fahrerseite auf Höhe des Kofferraums keine zwei Meter von mir entfernt so hinstellen, wie wenn er einer Leibesvisitation unterzogen würde. Sechs Schüsse fielen, wie viele Kugeln meinen Vater trafen, weiss ich nicht, aber ich höre noch heute den ohrenbetäubenden Aufprall von Geschossen auf dem Autoblech, mein Hirn schien in Stücke zu brechen. Ich erinnere mich nur noch an Fragmente, etwa wie einer der Soldaten durch das offene Fenster der Hintertüre nach dem Paket auf der Rückbank griff. Die klemmende Türe konnte er nicht öffnen, weshalb er mich nicht in Embryostellung auf dem Wagenboden kauern sah. Das war meine Rettung.

Es war spät abends im Hochsommer, die Dämmerung hatte bereits eingesetzt. Und als ich aus dem Auto kroch, war es dunkel und still, ganz still. Kein Mensch war zu sehen. Ich suchte nicht nach meinem Vater, sondern lief geradewegs unter dem Schlagbaum durch die zwei Kilometer nach Hause. Die Leiche Rajmunds hatten sie wohl mitgenommen, um keine Spuren zu hinterlassen. Im

Haus brannte kein Licht. Ich suchte Nana in ihrem Zimmer, aber sie war nicht da. Es waren überhaupt keine Angestellten da. Merkwürdigerweise suchte ich nicht nach Natalie, stattdessen verkroch ich mich im Wandschrank in meinem Zimmer. Ich spürte weder Angst noch Hass, einzig das Bedürfnis, Schutz zu finden, bestimmte mein Handeln. Klar war: Meinem Vater war etwas zugestossen. Ich wusste, dass geschossen worden war, erinnerte mich an die aufprallenden Kugeln, und nahm an, dass er getötet worden war. Unvermittelt kam mir der Gedanken, ›Jetzt ist das Familienleben vorbei‹.

Plötzlich drang Licht durch eine Spalte in der Schranktüre. Durch die Ritze sah ich, wie ein Soldat suchend durch das Zimmer ging, unter das Bett blickte und letztlich die Schranktüre öffnete. Er schob die Kleider zur Seite, entdeckte mich und packte mich am Kragen. Draussen war es hell geworden, ich hatte Stunden im Schrank gekauert. Er schleppte mich zu einem vor dem Haus geparkten Jeep, warf mich auf die Ladefläche und fuhr zum Eingangstor. Dort stand Natalie in sonderbarer Aufmachung: Sie trug einen eleganten, schwarzen Jupe und eine weisse Bluse, darüber eine Küchenschürze, mit der ich sie noch nie gesehen hatte. Es war das erste Mal, dass ich sie weinen sah. Neben ihr stand ein brauner Koffer; es schien, als hätte sie nur noch auf mich gewartet. Sie nahm mich bei der Hand, griff mit der anderen nach dem Koffer und sagte nur, ›OK, gehen wir‹. Es regnete wie aus Kübeln, teilweise fielen erbsengrosse Hagelkörner vom Himmel. Um mich zu schützen, hielt mir Natalie auf dem Weg nach Dolores eine Wasserflasche über den Kopf. Durchnässt und erschöpft erreichten wir das Dorf, wo uns Bergers Unterschlupf gewährten.«

Ernesto hielt kurz inne, griff nach dem Glas mit Lindenblütentee. Noch bevor er einen Schluck trank, setzte er das Glas wieder ab, als habe er es eilig und wolle den Faden seiner Geschichte nicht verlieren.

»Berger, einst Freund und Geschäftspartner meines Vaters, spielte mit gezinkten Karten. Sein Sohn Geraldo ist ein Jahr jünger als ich und war in jenen Dolores-Kinderjahren mein engster Freund – weisst du, der Junge, der mir meine Dede wegnehmen wollte. Bergers waren wie viele andere nach dem Zweiten Weltkrieg nach Argentinien gekommen. Berger, auch er mit nationalsozialistischer Gesinnung, war Offizier der argentinischen Armee. Das war ein exklusiver Kreis, der ständig nach eigenem Gusto an den Rädern der Macht drehte. Ich erinnere mich, Berger oft in reich dekorierter Uniform gesehen zu haben; nach Vaters Tod trug er nur noch zivile Kleider. Es gibt Anzeichen dafür, dass er nach seinem Austritt aus der Armee in den Todesschwadronen der AAA (Alianza Anticomunista Argentina) aktiv war. An jenem Morgen aber, als Natalie und ich durchnässt Dolores erreichten, waren Bergers einfach die Eltern meines besten Freundes, die uns ein Dach über dem Kopf boten. Alles andere, was ich dir jetzt erzähle, habe ich später erfahren.

Die Hazienda wurde nach der Ermordung meines Vaters verstaatlicht und aufgeteilt. Die eine Hälfte wurde an einen aus dem Tessin eingewanderten Arzt verkauft, der andere Teil mit dem Haus ging an einen argentinischen General. Natalie, die Jahre zuvor ihr Geld aus einer Erbschaft in den Kauf des Grundstücks eingebracht hatte, liess damals zur eigenen Absicherung im Kaufvertrag festhalten, dass die Hazienda gemeinsames Eigentum ist und für einen Verkauf Rajmunds *und* ihre Unterschrift notwendig sind. Nach der Ermordung meines Vaters zeigte man Natalie aber gefälschte Kaufverträge mit ausschliesslich Rajmunds Unterschrift, die beweisen sollten, dass das Grundstück einzig und alleine ihm gehörte und die Enteignung somit rechtens sei. Natalie erhielt keinen müden Peso.

Zufall oder nicht: Berger gründete nach Rajmunds Tod und der Verstaatlichung unseres Eigentums zwei grosse Unternehmen, eines für die Produktion von Autobatterien, das andere für die Herstellung von Beleuchtungskörpern. Wie aber hatte er diese Investitionen von seinem einfachen Militärlohn finanzieren können? Merkwürdig war auch eine Begegnung im Jahr 2010, als ich den nachfolgenden Besitzer unseres Anwesens, besagten Arzt aus dem Tessin, in Dolores besuchte. Er begrüsste mich mit den Worten, ›Bist du gekommen, um dich zu rächen? Ich gebe dir all mein Geld.‹. Ich konnte mir aus seinen Worten keinen Reim machen, später erst griffen, einmal mehr, die Puzzleteile ineinander: Rajmund hatte bis zu seinem Tod mit jenen im Machtzirkel Geschäfte gemacht, die als Anhänger Juan Peróns galten. Nach einem Militärputsch 1962 und einer Erstarkung der Antiperónisten in der Militärjunta waren Offiziere und Anhänger von Perón in Ungnade gefallen und reihenweise liquidiert worden. Rajmund hatte auf die falschen Leute gesetzt, man wollte ihn weghaben. Berger dagegen nutzte die Gunst der Stunde. Er sorgte für die Liquidierung meines Vaters, wurde dafür aus dem Verkaufserlös des enteigneten Grundstücks fürstlich entlohnt und baute seine Fabriken. Nebenbei gab er sich als barmherziger Beschützer von Rajmunds Hinterbliebenen aus. Für einmal spielte Berger das Spiel um Einfluss, Reichtum und Macht besser als mein Vater.

Die Beerdigung fand vier Tage später bei strahlendem

Sonnenschein statt. Natalie und ich gingen zur von Polizisten bewachten Aufbahrungshalle. Sie liessen Natalie eintreten, verweigerten mir aber den Zutritt. Ich weiss noch, wie ich nach dem Polizisten trat, der mich festhielt, bis Natalie, blass und mit Tränen in den Augen, wieder herauskam, gefolgt von vier Sargträgern. Sie forderten mich auf, den Sarg mitzutragen. Ich weiss nicht, ob die Träger die Hauptlast geschultert hatten, oder ob keine Leiche drin lag, mir schien der Sarg auffällig leicht. In einem späteren Gespräch zwischen Natalie und Sarah in Buenos Aires erörterten die beiden Frauen die Frage, ob die Zeremonie nur inszeniert war, um mir den Abschied zu ermöglichen. Offenbar hatte Natalie die Leiche in der Aufbahrungshalle nicht zu Gesicht bekommen.

Zum Gemeinschaftsgrab waren es keine dreissig Meter. Der Trauerzug war denkbar klein: Natalie, ich und die vier Sargträger. Weder Bergers noch andere Freunde oder Angestellte waren mit dabei und auch Mirjam nicht. Auf dem Weg bat Natalie die Träger kurz anzuhalten. Sie schnitt einige Blüten ab von Pflanzen am Wegrand. Die Träger liessen den Sarg in eine breite Grube hinunter, in der bereits ein paar andere Totenkisten lagen. Diese waren noch nicht mit Erde, sondern nur mit Kalk bedeckt, um schlechte Gerüche zu binden. Die Särge waren aus billigem Holz und dürftig in schwarzer Farbe gestrichen. Natalie warf die Blüten auf Rajmunds Sarg, eine Grabrede wurde nicht gehalten, von wem auch. Genau ein Jahr später schaltete Sarah, die Schattenfrau, in einer argentinischen Tageszeitung eine Anzeige in Erinnerung an den Verstorbenen.

Hast du dich auch schon gefragt, was wäre, wenn dies oder jenes in deinem Leben anders gelaufen wäre? In meinem Fall etwa, wenn mich Sarah behalten hätte, wenn mein Vater nicht ermordet worden wäre. Hätte ich mich trotzdem dem bewaffneten Widerstand angeschlossen? Aber so weit sind wir in meiner Geschichte noch nicht, ich geh jetzt erst mal eine rauchen.«

Ernesto ging zum Ende des Flurs, wie immer in Begleitung seines Infusionsständers, und öffnete die Fenstertür. Erst jetzt bemerkte ich, dass dem Gang ein kleiner Balkon vorgelagert war. Ich sah Ernestos Silhouette, das kurze Aufleuchten einer Flamme und dahinter die Stadtlichter. Ernestos Frage war auch mir schon unzählige Male durch den Kopf gegangen. Was wäre geschehen, wenn? Und wie ich so darüber nachdachte, fiel mir auf, dass ich sie mir meistens im Zusammenhang mit negativen Erlebnissen gestellt hatte. Etwa, was aus mir geworden wäre, wenn mir jener belichtete Film eines Banküberfalls nicht in den Hamburger Osterbekkanal gefallen wäre. Ich hörte als junger Pressefotograf im Polizeifunk von einer Geiselnahme in einer Filiale der Commerzbank nahe von unserem Pressebüro, war schneller als die Kollegen der Konkurrenz vor Ort und machte spektakuläre Bilder von Polizisten in Kampfmontur, vom Täter mit seiner Geisel, von seiner Überwältigung. Weil ich aufgeregt und auf dem Weg zurück in Eile war, entglitt mir auf der Brücke der Film beim Entnehmen aus der Kamera und kullerte geradewegs durch das Gittergeländer in den Kanal. Es war das abrupte Ende meiner Karriere als Pressefotograf. Diese und ähnliche Erinnerungen drängen sich mir immer wieder auf, wenn ich gerade mit dem Schicksal hadere.

Während ich auf Ernestos Rückkehr wartete, fragte ich mich, ob vielleicht nicht der Zufall, sondern schicksalshafte Kräfte uns in dieser Nacht auf diesem Flur zusammengeführt hatten. Ich besann mich auf meine derzeitige Situation und stellte fest, dass sich die Frage nach dem Verlauf meines Lebens auch positiv beantworten liesse: Was wäre, wenn meine Operation nicht erfolgreich verlaufen wäre? Natürlich gab es da nichts zu mutmassen. Ich wäre tot. So aber wartete ich auf Ernesto, dessen Handbewegung zum Mund und die kleine Rauchwolke danach ich schemenhaft erkennen konnte. Statt Ernesto stand aber plötzlich Viviane vor mir. »Nochmal nachfüllen?«, fragte sie und hielt eine Thermoskanne über mein leeres Glas. Ich nickte. »Du willst mir aber nicht sagen, dass Ernesto dich hat sitzen lassen.« Mein Blick zum Ende des Flurs verriet Viviane den Sachverhalt. »Klar, der raucht mal wieder, dabei hat ihm der Arzt diesbezüglich gerade heute die Leviten gelesen. Als wär's ihm egal, wann er den Styx überquert.« Nachdem es mir nicht gelang, ›Styx‹ als medizinischen Ausdruck einzuordnen, verlinkte mein noch immer träges Hirn das Wort mit meiner Schulzeit. Richtig, da war es: Styx, der Grenzfluss zum Totenreich in der griechischen Mythologie. »Jetzt ist dann aber Schluss«, ermahnte Viviane und meinte damit wohl unsere Nachtsitzung und nicht das Leben. Unvermittelt hielt sie sich die Hand vor den Mund, als habe sie sich erschreckt. »Verzeihung, jetzt habe ich Sie geduzt, weil ich mit Ernesto auch per Du bin. Ich wollte nicht persönlich werden.« »Gerne doch«, antwortete ich, »ich finde, das passt perfekt zu dieser Nacht.« Ich reichte ihr meine Hand, nannte meinen Vornamen und Viviane lächelte umwerfend. Ernesto war ein paar Minuten später zurück und fuhr in seiner Geschichte weiter.

»In den Tagen bis zur Beerdigung wohnten Natalie und ich bei Bergers, danach brachte uns Berger in seinem Pickup nach Buenos Aires, wo wir im Pfarramt der Methodistischen Kirche Aufnahme finden sollten. Natalie sass vorne auf dem Beifahrersitz, ich stand hinten auf der

Ladefläche und genoss den Fahrtwind im Gesicht. Ich stellte mir vor, ich würde fliegen. Im Pfarrhaus erwartete uns Pfarrer Stocker und seine Familie. Natalie und mir wurde ein gemeinsames Zimmer im zweiten Stock zugewiesen, nebenan bewohnte ein Paar mit einem gleichaltrigen Mädchen ein anderes Zimmer. In den kommenden Tagen spielten wir zwei Kinder miteinander, die Kinder der Pfarrersfamilie wurden aber von uns ferngehalten. Nach zwei Wochen verliess diese zweite Familie das Haus und gleichentags wurden Natalie und ich im Keller einquartiert. Berger und Pfarrer Stocker hatten folgenden Deal eingefädelt: Natalie sollte als Ausgleich für Kost und Logis als Haushalthilfe im Pfarramt dienen. Ich wurde im Internat eines gewissen Herrn Feller untergebracht, weil Stocker mich nicht im Haus haben wollte.

Der Eingang zum Internat war ausgesprochen fürstlich, mit zwei Treppen, die von beiden Seiten zum grossen, mit Säulen bestückten Eingangsportal führten. Rechts der Eingangshalle lag der Saal, in dem wir assen und TV schauten, links lag Fellers Büro und Schlafzimmer. Zwei imposante Treppenaufgänge führten in den oberen Stock zu den Schlafzimmern der zehn bis fünfzehn Knaben. Bei meiner Ankunft war ich der Jüngste. Wir standen jeweils kurz nach sechs oder halb sieben auf, frühstückten im Speisesaal und machten uns auf den langen Fussmarsch zu den Schulen, die um halb acht begannen. Ich ging zur Schweizer Schule, einige besuchten die englische, andere die deutsche Schule, die alle ausserhalb des Internatgeländes lagen. Meistens waren wir zu zweit oder zu dritt unterwegs, immer in wechselnder Besetzung, da im Internat ständig neue Gesichter auftauchten. Nach der Schule kümmerten wir uns um unsere Hausaufgaben, und um zwanzig Uhr gab's Abendbrot. Die Internatzöglinge redeten ständig über Sex und reichten entsprechende Zeichnungen und Fotos herum. Oft wurde in Schlägereien eine aktuelle Hackordnung hergestellt, in der ich als Jüngster natürlich ein dankbares Opfer war, dem man gerne Streiche spielte. Als ich einmal schlief, bewegte sich in meinem Zimmer ein Stuhl wie von Geisterhand geführt. Ich wollte zur Türe raus, aber sie war verschlossen. Kurzerhand kletterte ich über den Balkon, das Regenrohr hinunter in den Garten und klingelte am Eingangstor, um wieder ins Haus zu kommen. Feller reagierte unwirsch, fand, dass das Regenrohr hätte wegbrechen können und wollte von mir wissen, wie ich auf diese Schnapsidee gekommen sei. Natürlich verpetzte ich niemanden, ich hatte einfach versucht, mich aus dieser Situation zu befreien und mich danach cool zu geben. Ich merkte, dass ich so am wenigsten Angriffsfläche bot und mich die anderen in Ruhe liessen. Diese Taktik versuchte ich in meinem weiteren Leben beizubehalten: keine Angriffsfläche geben.

Neben dem Speisesaal befand sich der Waschraum. An der Aussenwand waren mehrere Duschkabinen ohne Vorhänge installiert, auf der gegenüberliegenden Seite befand sich ein gross dimensionierter Wandspiegel. Was es damit auf sich hatte, wurde mir klar, als ich wieder einmal in Fellers Büro gerufen wurde, das stets mit einer Fahne der deutschen Kriegsmarine, vielen Fotos von U-Booten und kleinerem Kriegsgerät dekoriert war. Häufig spielte er Schallplatten mit Militärmusik. Dieses eine Mal war ein Vorhang, der normalerweise zugezogen war, einen Spalt breit offen. Fellers Büro grenzte ans Badezimmer! Ich sah durch eine Glasscheibe einen Duschkopf und einen Wasserhahn. Der vermeintliche Badezimmerspiegel war einseitig blickdurchlässig, das heisst, Feller konnte uns beobachten, wenn wir duschten. Nun begriff ich auch, warum ältere Knaben zu ihm ins Büro gerufen wurden, ein, zwei Stunden blieben und danach mit Geld oder Süssigkeiten herauskamen. Sie erzählten nie, was im Büro geschehen war, doch nach meinen Erfahrungen mit Rajmund war mir klar, dass sich Feller an den Jungen verging.

In der Schweizer Schule besuchte ich die zwei letzten Primarklassen. Es war eine Eliteschule für Kinder reicher Eltern, von Vätern, die im argentinischen Wirtschaftsleben etabliert waren oder im Militär Karriere gemacht hatten. Ich habe keine Ahnung, wer das alles für mich bezahlte, Natalies Haushälterinnenlohn dürfte kaum dafür gereicht haben. Wir trugen Krawatten und auf der Jacke der Schuluniform ein Emblem mit dem Schweizer Kreuz und den Worten ›et augebitur scientia‹. Ich hatte zwei Uniformen, die ich unter der Woche abwechselnd trug und die im Internat gewaschen wurden. Die anderen Schüler hatten Taschengeld für Ausflüge, Geburtstagsfeste oder Wochenend-Einladungen zur Verfügung. Es störte mich nicht, wenn ich nicht mit dabei sein konnte, ich fand, da gehörte ich sowieso nicht hin. In meiner Klasse war ein Junge mit Asthma. Einmal stritten wir uns, wie Kinder eben streiten. Tags darauf kam er nicht zur Schule, und wir wurden informiert, dass er gestorben sei. Es war das erste Mal, dass ich den Tod eines Menschen mit mir in Verbindung brachte. Ich glaubte, der Streit vom Vortag, den ich provoziert hatte, sei die Ursache für seinen Tod, und fühlte mich schuldig.

In der letzten Primarklasse förderte mich Fräulein Baum, eine etwa fünfzigjährige, ledige Lehrerin. Sie gab mir in jenen Fächern, in denen ich Schwächen zeigte, kostenlos Privatunterricht, damit ich, wissbegierig, aber mittellos und ohne Unterstützung, den Übertritt ins Gymnasium schaffen konnte. Fräulein Baum unterrichtete vor allem Mathematik und versuchte uns in einer

Stunde die Mengenlehre beizubringen. Plötzlich betraten Soldaten den Klassenraum und konfiszierten die Hilfsmittel für die Mengenlehre – Holzbretter mit Gummis und Nägeln, mit denen man Verhältnisse darstellen konnte. Mengenlehre sei der Militärjunta suspekt, weil sie kommunistisch sei, erklärte mir Fräulein Baum später. Mit ihrer Hilfe bestand ich die Prüfungen für den Übertritt ins Gymnasium.

Meine Zeit in Fellers Internat endete so unvermittelt wie sie begonnen hatte. Natalie wollte, dass ich noch länger im Internat bleibe und ein Gymnasium in Buenos Aires besuche, aber das war von heute auf morgen unmöglich geworden. In der Ferienzeit nach der Primarschule war ich der Einzige, der im Internat blieb, alle anderen waren zu ihren Eltern gefahren. Eines Spätnachmittags kam Feller, dick und schleimig wie er war, in mein Zimmer und befahl mir, mich selbst zu befriedigen, damit er sehe, wieviel Ejakulat ich erzeuge. Ich weigerte mich, aber ich wusste, ich muss aus diesem Internat verschwinden, besser heute als morgen. Noch am gleichen Abend haute ich ab, mit nichts ausser den Kleidern, die ich am Leib trug. In dieser Nacht schlief ich in einem Hauseingang. Am nächsten Tag suchte ich Arbeit und fand in einer Apotheke einen Job. Ich musste eine Crème in Tuben einfüllen. Am Tag arbeitete ich in der Apotheke, nachts schlief ich in eben diesem Hauseingang. Ich wurde täglich bezahlt und kaufte mir damit Essen. Dem Apotheker wurde es in Anbetracht meines Alters wohl doch etwas mulmig, er fragte mich ständig, was ich denn sonst mache und wo ich wohne. Ich flunkerte, dass ich Waise sei, erwähnte allerdings auch einmal das Internat von Feller. Was wirklich geschehen war, erzählte ich nicht, es hätte mir sowieso niemand geglaubt, auch nicht Natalie, die drei Tage später in der Apotheke auftauchte und mich abholte. Über Feller war die Information wohl zu ihr gelangt.

Sie brachte mich in eine Pension, in der sie ein Zimmer für mich bezahlte. Ich blieb nur ein paar Tage dort, dann haute ich wieder ab, arbeitete tagsüber schwarz in einer anderen Apotheke und übernachtete da und dort, bis ich zufällig meiner ehemaligen Lehrerin Fräulein Baum über den Weg lief. Sie bemerkte wohl, dass meine Kleider nicht mehr sauber waren, und ahnte, dass etwas nicht stimmte. Sie fragte mich, wie es mir gehe. Nachdem ich ihr wahrheitsgemäss berichtet hatte, lud sie mich ein, bei ihr zu wohnen. Bei Natalie meldete ich mich ab und zu und bat sie um Geld. Da der Pfarrer mich nicht im Haus haben wollte, mussten die Treffen immer heimlich geschehen, wenn er und seine Familie nicht zugegen waren. Ich versteckte mich jeweils vor dem Pfarrhaus, bis ich sicher war, dass Natalie alleine war. Wir sahen uns immer nur fünf oder zehn Minuten, in denen sie mich jedes Mal ermahnte, ›Misch dich nicht in die Politik ein'. Ich hatte begriffen, wie das politische System lief: Die Polizei kam ständig in die Schule, Leute wurden an die Wand gestellt und durchsucht oder auf offener Strasse einfach verhaftet. Ich begann mich gegen Ungerechtigkeiten zur Wehr zu setzten. Natalie hatte wohl ihre eigenen Lehren aus den Ereignissen um den Tod meines Vaters gezogen und versuchte mich vor Ärger zu bewahren. Nach den Wochen bei Fräulein Baum wohnte ich wieder in einer Pension. An Arbeit nahm ich, was ich bekommen konnte. Für eine Chemische Reinigung brachte ich der Kundschaft die Kleider nach Hause, oder ich trug Zeitungen aus. Die einträglichste Arbeit bekam ich in einem Geschäft für Pelze, Knöpfe und andere Accessoires. Die meisten Läden an dieser Strasse waren auf den Verkauf von Pelzen spezialisiert. Auf der einen Strassenseite lagen die jüdischen Läden, auf der gegenüberliegenden die arabischen. Der Kampf um Kundschaft wurde mit allen Mitteln geführt. Ich arbeitete bei einem arabischen Händler, und wenn ich jemanden sah, der die Auslagen auf der jüdischen Seite betrachtete, ging ich rüber und sagte, ›Komm, kauf doch bei uns ein, die Ware ist besser und billiger‹. Ich sprach etwas Englisch – ein Vorteil, um Touristen zu bearbeiten. Mit der Zeit gewann ich das Vertrauen des Inhabers, ich durfte abends die Einnahmen überprüfen und die Kasse schliessen. Ich machte meinen Job so gut, dass mich mein Chef fest anstellen wollte, aber das passte nicht zu meinen Plänen. Ich wollte studieren und dafür musste ich zuerst das Abitur schaffen.

In diesen Monaten bis zum Eintritt in ein Gymnasium finanzierte ich mich zum ersten Mal selber. Das Geld reichte gerade, für Essen, das Zimmer in der Pension und um das ganze Wochenende ins Kino zu gehen. Meine Kleider wusch ich selbst mit den Frauen an den öffentlichen Waschplätzen. Ich war nicht sehr geübt im Waschen, die Frauen merkten das, hatten Mitleid mit mir und sagten, ›Komm lass, wir machen das für dich‹. Es gab also keinen Grund, mich besonders geschickt anzustellen. Weil es in diesen Monaten sehr warm war, trockneten die Kleider ziemlich schnell oder ich zog sie mir noch feucht über.

Natalie fand für mich einen Platz in einem Internat in der Provinz Missiones, an der Grenze zu Paraguay, rund 1500 Kilometer nördlich von Buenos Aires. Die Internatsschule in Puerto Rico, so hiess der Ort, war von einem evangelischen Pfarrer gegründet worden und wurde vom HEKS (Hilfswerk der evangelischen Kirchen Schweiz) finanziert. Das Internat war ein Vorzeigeprojekt des HEKS: Im Internat konnten sich die Schüler zu Agronomen ausbilden lassen. Als Alternative bot die Schule eine Art Lehre, um sich als Elektriker oder Schreiner zu spezialisieren. Viele Schweizer Bauern, die zahlreich in die Provinz Misiones eingewandert waren, schickten ihre Kinder in diese Internatsschule. Für eine gründliche Schulbildung konnte man die öffentliche Schule vergessen.

Ich wählte die Richtung Agronomie, weil mir das den Abiturabschluss und den Zugang zur Universität ermöglichte. Ich interessierte mich mehr für ›Viehzucht‹ als ›Hortikultur‹. Gemüse war mir zu anstrengend – immer giessen und Pflanzen hochpäppeln … Vormittags wurden wir in den üblichen Schulfächern unterrichtet, nachmittags in Agrar-Wirtschaft. In meiner freien Zeit besuchte ich auch Kurse in Schreinern, bis das die Schulleitung verbot, so nach dem Motto: Die Dummen lernen Schreiner oder Elektriker, die Klugen studieren Agronomie – das muss klar getrennt bleiben.

Schon im ersten Jahr war ich mit dem Schulstoff unterfordert, die Übertrittprüfung zur nächsten Klasse machte ich während der Sommerferien ohne Wissen der Schulleitung in der Provinzhauptstadt Posadas. Nach dem zweiten Schuljahr absolvierte ich nicht nur die Prüfung für die dritte, sondern gleich auch für die vierte Klasse und bestand beide. Da gab es allerdings ein kleines Problem: Die Schweizer Schule führte zu diesem Zeitpunkt keine vierte und fünfte Gymnasialklasse, die Bewilligung war noch bei den Behörden hängig. Nach der Vorstellung des Schulleiters hätte ich das dritte Schuljahr wiederholen sollen, bis im Folgejahr der Übertritt in die vierte Klasse möglich sein würde. Damit war ich nicht einverstanden. Ich argumentierte, dass das ein verlorenes Jahr für mich sein würde und ich mich in diesem Zwischenjahr lieber auf die vierte und fünfte Klasse vorbereiten wolle. Abgesehen davon würde ich gerne wieder mehr bei meiner

Mutter, also bei Natalie, in Buenos Aires sein, da ich sie doch kaum zu Gesicht bekäme. Aber das war geflunkert. Letztlich gab der Rektor grünes Licht für eine einjährige Auszeit und meine Rückkehr in die anschliessenden Klassen im Gymnasium der Schweizer Schule. Er machte zur Bedingung, dass ich stets darüber orientierte, wo ich mich in diesem Jahr gerade aufhielt. Meistens log ich, gab an, ich ginge ins nahe Puerto Rico, reiste aber die 150 Kilometer nach Posadas. Hier hatte ich in den Sommermonaten nach dem ersten Schuljahr junge Leute getroffen, die sich für Politik interessierten, und mit denen ich nun in dieser schulfreien Auszeit über das politische System Argentiniens, Unterdrückung und was dagegen zu unternehmen sei diskutieren konnte. Die meisten von ihnen waren bereits im ersten Studienjahr an der Universität von Posadas, aber sie behandelten mich gleichwertig und respektvoll. Das tat mir gut.«

Ernesto betrachtete meine Hände: »Bauer oder Handwerker bist du wohl nicht, ich tippe auf Lehrer oder so was ähnliches.« Vermutlich hatten ihn meine eher feingliedrigen Hände und meine Brille mit Rundgläsern im Ghandi-Stil zu dieser Einschätzung bewogen. Auf jeden Fall lag er nicht so weit daneben. »Ich schreibe Bücher. Und wenn wir in deiner Geschichte gerade einen Zwischenhalt einlegen – jetzt muss *ich* mal.« »Brauchst du Hilfe?«, fragte er mich, als ich mich zittrig aus dem Sessel hievte und an meinem Infusionsständer festhielt. »Geht schon, und sonst ist ja Viviane nicht weit, ich liege im Zimmer neben dem Stationsbüro.« Ernesto nickte und kramte in der Tasche seines Morgenmantels. »Ich geh nochmal eine rauchen.« Was immer Ernesto erzählte, seine Worte klangen sanftmütig. Auch wenn die Inhalte haarsträubend waren, er sprach leise, frei von Emotionen, als wäre es das Leben eines anderen. Was ich bisher von ihm gehört hatte, legte nahe, dass er ein kluger Kopf war, der mit Leichtigkeit Primar- und Gymnasialklassen überspringen konnte. Auch hier unterschied sich unsere Jugend: Mir drohte im Gymnasium Jahr für Jahr die Wiederholung einer Klasse. Eine Nachhilfelehrerin mühte sich redlich mit mir und ich mich mit Cäsars Bellum Gallicum ab. Bei mir war die Schule Mittelpunkt des Lebens, bei Ernesto einfach Mittel zum Zweck. Ich war mir sicher, dass auch sein weiteres Leben sich von meinem deutlich unterscheiden würde. Und dennoch hatte uns das Schicksal zu einer bestimmten Zeit an einem bestimmten Ort zusammengeführt.

Als ich zur Sitzgruppe zurückkam, sass Ernesto schon wieder auf seinem Stuhl, deutete auf die Wanduhr und fragte: »Weiter? Die Zeit läuft«. Ich nickte.

Nach ein Uhr

»In jenem freien Jahr war ich vierzehn. Inspiriert durch meine Freunde in Posadas suchte ich nach politischen Veränderungen. Gleich zu Beginn meines Zwischenjahres organisierte ich in Puerto Rico ein Podiumsgespräch über mögliche Agrarreformen. Das Podiumsgespräch sollte die Bauern motivieren, Genossenschaften zu gründen und die Bewirtschaftung ihrer Felder zu optimieren. Denn häufig lagen die einzelnen Parzellen der Bauern weit auseinander, und sie verloren für die Fahrten zwischen den zu bestellenden Äckern viel Zeit. Ein Überleben war nur möglich, wenn die ganze Familie bei der Feldarbeit mithalf; selbst zehnjährige Knirpse sah man schon beim Traktorfahren. Dafür hatten sie keine Zeit für die Schule. Wir stellten uns ein sozialistisches System vor, ohne die Ideologie von Marx oder Mao übernehmen zu wollen. Für das Podiumsgespräch konnte ich sogar den Gouverneur der Provinz gewinnen. Ich fuhr persönlich nach Posadas zum Gouverneurs-Gebäude und musste drei Tage warten, bis ich empfangen wurde. Für die Übernachtungen in der Stadt benötigte ich eine günstige Bleibe. Ich plante, in einer der zahlreichen Kirchen zu schlafen, aber die Pfarrer lehnten alle ab, sie befürchteten Ärger mit der Polizei. Das aber brachte mich auf eine Idee. Ich marschierte geradewegs zur Polizei-Station, legte einen Geldschein auf den Tresen und fragte, ob ich die Nacht in ihrer Ausnüchterungszelle verbringen könne. Der Beamte war einverstanden, ich hatte einen nicht gerade attraktiven, aber vor dem Regen sicheren Platz gefunden. Mein jugendliches Alter half mir, da und dort Türen zu öffnen, bei der Polizei genauso wie beim Gouverneur. Man gestand mir gewisse Freiheiten und Unverschämtheiten mit einem Schmunzeln zu, und das nutzte ich aus.

Das Podiumsgespräch wurde für mich zu einem schmerzhaften Aha-Erlebnis. Nachdem ich alles organisiert hatte, erklärte mir der Rektor der Schweizer Schule, dass er jetzt den Lead übernehme. Ich hatte zwar die Fragen für die Podiumsteilnehmer vorbereitet, der Rektor verdrehte und manipulierte diese aber beim Gespräch derart, als gehe es nicht um eine Landwirtschaftsreform, sondern um ein Problem, das die Bauern gefälligst selbst zu lösen hätten. Jedes Mal, wenn der Gouverneur etwas Konkretes anbot, lenkte der Rektor das Ganze in eine Richtung, mit der vor allem die Schweizer Bauern zufrieden waren. Er sorgte einfach für deren Wohlergehen und für die Sicherung seines HEKS-Projekts. Alleine das Wort ›Agrarreform‹ klang kommunistisch und ging gegen die Interessen der Schweizer. Der Rektor erklärte öffentlich, es handle sich bei der Veranstaltung um das persönliche Projekt eines Schülers und gebe nicht die

Haltung der Schweizer Schule wieder. Meine Argumente wurden bekämpft, weil ich der ›Buetenio‹ war, das heisst einer, der aus Buenos Aires kommt, ein Klugscheisser und Besserwisser, der glaubt, anderen überlegen zu sein. Meine Art von Denken war hier unerwünscht. Später verstand ich die Zusammenhänge, aber in jenem Moment war ich einfach nur enttäuscht. Mir verging die Lust, den Rest meines Zwischenjahres in der Provinz zu verbringen. Ich fasste den Entschluss, nach Dolores zurückzukehren, vielleicht sogar dort die beiden fehlenden Schulklassen bis zum Abitur zu besuchen. Dolores war meine Heimat, dort glaubte ich auch noch Freunde zu haben, allen voran Geraldo. Er war in Dolores geblieben, aber seit meinem Wegzug hatten wir keinen Kontakt mehr.

Zu Natalie und Mirjam hatte ich in diesem freien Schuljahr kaum Kontakt, auch wenn die Distanz von Dolores nach Buenos Aires deutlich kleiner war als von Puerto Rico. Mirjam hatte die Klosterschule verlassen und arbeitete mittlerweile beim Direktor des Nestlé-Ablegers als Dienstmädchen. Auch Natalie hatte ihren Arbeitsplatz gewechselt und war nun bei einer österreichischen Familie mit Zwillingen Mädchen für alles. Der Hausherr wollte mich nicht im Haus haben, vielleicht wegen meiner politischen Gesinnung. Natalie hatte ein Zimmer über der Garage. Wenn ich sie sehen wollte, warf ich nachts Steinchen gegen ihr Fenster und sie kam zu mir herunter, stets in Angst, entdeckt zu werden. Wir redeten kurz, und gelegentlich steckte sie mir ein paar Geldscheine zu. Das war alles.

Von Dolores aus reiste ich öfters nach Buenos Aires, um Freunde zu treffen, mit denen ich gemeinsame politische Ziele verfolgte. Meistens pendelte ich per Autostopp zwischen den beiden Orten. Ich wartete bei den Tankstellen auf einen Lastwagenfahrer. Fuhr einer in die

Richtung, in die auch ich wollte, anerbot ich mich, ein Stück des Weges zu fahren, damit er sich für zwei oder drei Stunden aufs Ohr legen konnte. Das klappte ganz gut, ich sah erwachsener aus als ich war und konnte zu jener Zeit bereits fahren, allerdings nur, wenn es nicht regnete. Auf verschlammten Strassen fehlte mir die Kraft, das Steuerrad zu stabilisieren und den Lastwagen-Anhänger in der Spur zu halten. Ich war mir der Risiken bewusst, aber es war die billigste Transportmöglichkeit. Dabei schien mir auch immer ein Schutzengel zur Seite zu stehen – oder die Begabung, intuitiv Gefahren zu erkennen, so etwas wie ein sechster Sinn. Als ich einmal an einer Tankstelle irgendwo im Niemandsland schon Stunden auf eine Weiterfahrt gewartet hatte und endlich ein Lastwagen in meine Richtung auftauchte, hob ich meinen Daumen und der Fahrer hielt an. Kaum kam der Laster zum Stehen, warnte mich eine innere Stimme, ›Steig nicht ein!‹. Ich faselte etwas von Missverständnis, der Fahrer fluchte und fuhr weiter. Zwanzig Minuten später tauchte eine schwarze Limousine mit drei Männern auf: Daumen raus, das Auto hielt, die Stimme sagte, ›Nein, nicht einsteigen.‹, die Limousine brauste davon. Ich verstand mich selbst nicht. Seit Stunden stand ich an der Strasse und liess zwei Mitfahrgelegenheiten einfach sausen! Glücklicherweise näherte sich kurz darauf ein weiterer Truck, und diesmal sagte mir mein Gefühl, ›Ja, das geht, steig ein.‹. Nach einer Stunde unterwegs hing vor uns eine schwarze Rauchwolke über der Strasse. Die Limousine war offenbar mit grosser Geschwindigkeit auf den ersten Lastwagen aufgefahren. Deren Insassen waren alle tot. Das war das erste, aber längst nicht das einzige Mal, dass mich meine innere Stimme so deutlich vor einer tödlichen Gefahr warnte.

Aber eigentlich wollte ich dir von meiner Zeit in Dolores und meiner ersten grossen Liebe erzählen. Es war Fastnachtszeit, als ich an den Ort meiner Kindheit zurückkehrte. Wie in Brasilien hatten verschiedene Gesellschaften fantasievolle Mobile gebaut, die an einer Parade dem Volk und einer Jury präsentiert wurden. Auf jeder dieser Karossen sass oder stand wie auf einem Hochzeitskuchen eine Frau – eine von ihnen wurde später zur Umzugskönigin gewählt. Und wie am Karneval in Rio tanzten vor den Wagen farbenfroh geschmückte Frauen, gefolgt von musizierenden Männergruppen. Vor der Haupttribüne fanden sich alle zusammen, machten gemeinsam Musik und erwarteten das Ergebnis der Jury. Das Preisgericht setzte sich aus den wichtigen Leuten von Dolores zusammen, der Arzt, der Anwalt, der Bürgermeister … natürlich spielten bei solchen Anlässen auch die wirtschaftlichen und politischen Verflechtungen. Entsprechend gewann fast immer das Vehikel eines Reichen oder Einflussreichen, der ›seinen‹ Wagen mit viel Geld unterstützt hatte. Am Ende des Umzugs folgte der Ambulanzkarren, der von einem Pferdegespann gezogen wurde. Verletzte gehörten zum Fest, denn Alkohol floss reichlich, die üblichen Massenschlägereien liessen nie lange auf sich warten, weil man sich uneinig war, welche Karosse die beste sei oder weil sich jemand beleidigt fühlte. Die Vereinigungen standen in Konkurrenz zueinander, waren in diesen Tagen Feinde – und den Rest des Jahres war man wieder beste Freunde. In Dolores gab es auch Don Camillo und Peppone: Der Kampf zwischen dem Bürgermeister und dem Pfarrer. Für den Priester waren alle Sünder, der Bürgermeister unterstützte die weltlichen Freuden, um sich seine Beliebtheit in der Bevölkerung zu sichern. Die beiden spielten sich in einer Art Hass-Liebe gegenseitig Streiche, der eine konnte ohne den anderen nicht leben.

Und da war Susanna. Sie war eines der Mädchen, mit denen ich als Kind das eine oder andere Mal gespielt hatte. Sie gehörte zu einer italienischen Einwandererfamilie mit fünf Töchtern und zwei Söhnen. Die Eltern hatten es zu einem gewissen Reichtum gebracht, waren politisch extrem konservativ und sehr fromm. Der Vater hielt ein wachsames Auge auf seine Töchter. Auch er hatte einen Fastnachtswagen gesponsert. Susanna stand mit ihren Schwestern und Freundinnen in der Menge auf dem Dorfplatz. Ich gesellte mich zu all den Verehrern der Mädchenschar und versuchte, ihr möglichst nahe zu sein. Während wir zusammen das Spektakel um uns herum beobachteten, merkte ich, dass ich etwas für sie empfand. Susanna war gerade achtzehn geworden, also vier Jahre älter als ich. Ich wollte, dass sie sich für mich interessierte, und log, ich sei auch achtzehn. Es gelang mir, sie in ein Gespräch zu verwickeln, und wir verabredeten uns für ein weiteres Treffen. Kurz und gut: Ich war verliebt.«

Viviane war gerade aus Zimmer 5 auf den Flur getreten, schien an uns vorbeigehen zu wollen, stoppte aber unvermittelt und wandte sich an Ernesto: »Habe ich da etwas von verliebt gehört? Ich steh auf Liebesgeschichten, falls du also gerade eine zum Besten gibst …« Sie blickte zur Wanduhr über der Sitzgruppe, »… darf ich mich kurz zu euch setzen, oder störe ich als Frau eure Männerrunde?« Ernestos Lippen formten sich zu einem kaum wahrnehmbaren Lächeln. »Es ist eine besondere Liebesgeschichte, wenn auch nicht mit einem Happy End. Wenn du willst, setz dich zu uns.« Viviane verschwand im Stationsbüro, tauchte kurz darauf wieder mit einem dreibeinigen Hocker, einer Thermosflasche und Pappbechern bei uns auf. »Kaffee als Eintrittsgeld«, schmunzelte sie, »wir wollen ja noch eine Weile wach bleiben«. Sie goss uns Kaffee in die Becher, Ernesto fasste nochmals kurz zusammen, wo und wie er zu Susanna gefunden hatte, und ich vergass über der Komik der nächtlichen Situation meine Blessuren.

»Ich wohnte damals wieder bei Bergers, bei den Eltern meines Freundes aus Kinderjahren. Susanna wohnte gleich um die Ecke, über den Hof hatte ich Sichtkontakt zu ihrem Zimmer. Über Wochen lief kaum etwas zwischen uns. Ich war in dieses Mädchen verliebt, aber ich begehrte sie nicht. Wie soll ich sagen, mit dem Kopf war ich ihr ganz nahe, ich genoss die Zeit und die Gespräche mit ihr, aber ich konnte weder Gefühle noch Verlangen für sie entwickeln. Kopf und Empfindung waren nicht im Einklang, und ich wusste nicht warum. Erst viel später in einer Psychotherapie erkannte ich den Zusammenhang mit meinem erlebten Missbrauch. Mir genügte es, sie so viel wie möglich zu sehen. Wenn wir uns trafen, war zu Beginn immer eine Schwester oder ein Bruder von Susanna mit dabei. Die Aufpasser schickten wir oft ins Kino, um ein bisschen Zeit für uns alleine zu haben. Irgendwann fand Susanna, wir hätten genug geredet, und fragte, ›Denkst du nicht, dass es Zeit wäre für einen Kuss?‹. Die Frage war rhetorisch, denn sie küsste mich sogleich. Mir wäre das nie in den Sinn gekommen. Auch wenn Geraldo immer damit angab, mit welchem Mädchen er gerade wieder geschlafen habe – was selten der Wahrheit entsprach – für mich hatte Sex nichts mit Liebe zu tun, für mich war körperliches Verlangen nach den Erlebnissen mit meinem Vater und dem Internatsleiter wie ausradiert. Susanna und ich blieben beim Küssen. Wir entwickelten Strategien, wie wir uns sehen konnten, ohne dass ihre Eltern etwas mitbekamen. Wenn sie am Fenster ihres Zimmers ein rotes Tuch hängen hatte, bedeutete das, ›Heute können wir uns nicht sehen.‹, ein weisses Tuch bedeutete, ›Heute ist ok‹. Ihrer Mutter erklärte sie, dass sie täglich ein sauberes Halstuch tragen wolle und diese zum Trocknen ans Fenster hänge. Die beste Zeit, um uns ungestört zu treffen, war von sieben bis neun Uhr am Abend, wenn ihr Vater in der Bar sass. Man konnte nach ihm die Uhr stellen, wir trennten uns jeweils kurz bevor er aus der Bar kam.

War ich nicht mit Susanna zusammen, lernte ich für die kommenden Schuljahre und bereitete mich auf die Prüfung in die fünfte Gymnasialklasse vor, die Aufnahme ins vierte Jahr hatte ich ja bereits in der Tasche. Um meinen Lebensunterhalt zu bestreiten, verkaufte Ich Lose für die Tombola oder sortierte Bücher in der Schulbibliothek. Oft sass ich auch stundenlang mit Freunden in einer Bar – eine bunte Schar engagierter Leninisten, Marxisten, Perónisten. Sie schwänzten die Schule, ich unterbrach mein Lernen. Wir trafen uns um acht Uhr morgens und diskutierten bis zwei, drei Uhr nachmittags über Politik. Das einzige, was wir uns leisten konnten, war ein Kaffee. Mir gefiel, dass Juan Perón in den vierziger Jahren eine Art AHV und die Acht-Stunden-Woche eingeführt hatte. Aber mir war dieser Personenkult um ihn und seine Frau Evita zuwider, genauso wie die Verherrlichung von Marx, Mao und all den anderen. Ich vertrat die Meinung, es gehe nicht um eine Person, sondern um ein Land. Bei keiner dieser Gruppierungen fand ich eine politische Heimat.

Entschuldigung, ich schweife ab, wir sind bei meiner Liebe zu Susanna. Nach vier Monaten geschah etwas, was die Weichen für mein weiteres Leben neu stellte. Susanna und ich trafen uns immer an derselben Ecke, wo wir die Bar, in der Susannas Vater trank, im Blickfeld hatten. Auch an diesem Abend trennten wir uns kurz vor neun, ich machte mich alleine auf den Weg nach Hause. Kaum war ich in die Strasse eingebogen, in der sich Bergers Haus befand, erblickte ich im Dämmerlicht zwei Jugendliche, die auf mich warteten. Auch hinter mir tauchten zwei Gestalten auf, kräftig und bedrohlich. ich wusste sogleich, worum es ging und was sie vorhatten. Die Vier waren Mitglieder einer Gang, und alle wollten Susanna haben. Dem Auswärtigen musste eine gründliche Abreibung verpasst werden, damit er die Finger von ihr liess. So sehr die Vier untereinander zerstritten waren, einig waren sie sich darin, dass der Konkurrent verschwinden musste. In der unvermeidlichen Schlägerei hatte ich keine Chance, alle waren sie älter als ich. Sie warfen mich zu Boden, traten nach mir und traktierten mich mit den Fäusten. Bei mir löste diese Drohung eine gegenteilige Reaktion aus: Jetzt erst recht! Ich lasse mir meine Susanna nicht nehmen. Susanna versuchte in der Folge zu schlichten, für kurze Zeit stellte sich eine trügerische Ruhe ein. Zwei Wochen später waren wir nachts auf dem Heimweg von zwei Polizisten angehalten und auf die Polizeiwache gebracht worden. Susanna schickten sie nach Hause, mich schlugen sie mit dem Hinweis zusammen, ich solle aus Dolores verschwinden.

Verprügelt und verletzt klagte ich zuhause bei den Bergers mein Leid. Geraldo spielte in jener Zeit eine merkwürdige Rolle. Vordergründig stand er zu mir, wenn ich aber nicht in Dolores war, zog er mit eben jenen Typen herum, die mich zusammengeschlagen hatten. Geraldo, der ein Jahr jünger war als ich, versicherte mir immer, dass er mich bewundere, tatsächlich aber war ich seit unserer Kindheit sein grösster Konkurrent, den es zu besiegen galt. Wie weit er dabei gehen würde, sollte sich erst später zeigen; hier und jetzt in Dolores hielt ich ihn noch immer für meinen Freund, wenn auch für einen wankelmütigen. Für mich war weniger wichtig, was er jeweils sagte, sondern was er verschwieg.

Wenige Tage nach dem Ereignis auf der Polizeiwache schlenderte ich an einem arbeitsfreien Samstag an einer Baustelle vorbei, auf der ein Geschäfts- und Wohnhaus für Geraldos Vater errichtet wurde. Gerade als ich mich unter dem Baugerüst befand, verspürte ich einen harten Schlag auf Kopf und Schulter, mir wurde schwarz vor Augen, ich verlor für einen Moment das Bewusstsein. Als ich erwachte, lag ich auf dem Boden, aus einer klaffenden Wunde am Kopf floss Blut und neben mir auf dem Gehsteig lag ein Backstein. Zufall oder nicht, auf jener Baustelle waren zwei von Susannas Verehrern beschäftigt, die mich schon Wochen zuvor vermöbelt hatten.

Susanna wurde das alles zu viel: ›Jetzt ist Schluss, ich will nicht zu deiner Beerdigung gehen müssen.‹ Ich lehnte mich auf, erklärte ihr, dass mich niemand davon abhalten könne, sie zu lieben. Aber sie blieb dabei: ›Jetzt ist Schluss!‹, und damit beendete sie unsere Beziehung. Heute denke ich, dass sie mich schützen wollte. Vielleicht übte auch die Familie Druck aus, sich nicht mit einem mittellosen Typen einzulassen. Ich hatte praktisch nur die Kleider, die ich trug, und das wenige Geld, das ich beim Losverkauf für die Tombola verdienen konnte. Für mich schien es nach dem gewaltsamen Tod meines Vaters in diesem Dorf keine Zukunft mehr zu geben, ich bewegte mich auf der Stufe eines Obdachlosen – keine passende Partie für die Tochter eines angesehenen Bürgers von Dolores. Damals fühlte ich nur Ohnmacht und Verzweiflung, ich begriff nichts und wusste nur: Susanna will mich nicht mehr sehen!«

Schweigend sassen wir im nächtlichen Flur des Krankenhauses, Ernesto, Viviane und ich. Über einer Krankenzimmertür begann ein rotes Licht zu blinken, Viviane stand auf und legte Ernesto die Hand auf die Schulter: »Ernesto, das ist in der Tat eine traurige Liebesgeschichte, aber es *ist* eine Liebesgeschichte. Hast du Susanna danach noch einmal gesehen?« Er blickte zu ihr hoch, griff nach ihrer Hand, die noch immer auf seiner Schulter ruhte, und schwieg. Viviane entzog ihm sanft ihre Hand, schnappte sich den Schemel, auf dem sie gesessen hatte, und deutete auf das blinkende Licht: »Ich muss.« Ich hätte Vivianes Frage gerne nochmals wiederholt, aber irgendetwas hielt mich davon ab, ich meinte eine grosse Verletzlichkeit zu spüren, die sich in diesem Moment auf Ernesto gelegt hatte. Und ausserdem hasse ich diese Romeo-und-Julia-Love-Stories in denen Missverständnisse, Missgunst, Eifersucht und Clan-Hass das grosse Glück verhindern. Das liegt wohl daran, dass ich zutiefst ein hoffnungsloser Romantiker bin. Ernesto fing sich, rückte in seinem Sessel zurecht und nahm den Faden seiner Geschichte wieder auf.

»Nichts hielt mich mehr in diesem verdammten Kaff, das mir nur immer Unglück brachte. Nach dem Bruch mit Susanna reiste ich umgehend zurück nach Missiones und vertiefte mich in die politische Arbeit statt in den Schulstoff. Argentinien bewegte sich in diesen Jahren ständig zwischen Militärdiktatur und politischer Öffnung – zumindest schien das so. Im Jahr meiner Rückkehr nach Puerto Rico schien die Macht der Militärs eingeschränkt, der Ruf nach Demokratie wurde von Arbeitern und Studenten auf die Strasse getragen und fand im Volk Gehör. Die Generäle schienen zu Reformen bereit, sie signalisierten eine Liberalisierung und Verzicht auf Repression. An den Universitäten plante man das Studiensystem nach europäischem Modell zu erneuern, wirklichkeitsnaher. Die Studenten interessierte nicht mehr wie viele Orangen Argentinien im Jahre 1900 exportiert hatte, sondern was 1960 exportiert wurde, wer daran verdiente und welche Auswirkungen das auf Volk und Staat hatte.

Wie ursprünglich geplant absolvierte ich die vierte und fünfte Gymnasialklasse in der vom HEKS unterstützten Schule. Da ich wenig Energie fürs Lernen aufwenden musste, blieb mir viel Zeit für die politische Arbeit. Gemeinsam mit vier Freunden aus der Zeit an der Schweizer Schule in Buenos Aires gründete ich eine politische Gruppe. Drei waren Söhne Schweizer Auswanderer, einer war Argentinier. Wir nannten uns Fuerza de Liberation Argentina (FLA). Wir wollten vor allem die Ungerechtigkeit verstehen und eine Gesellschaft basierend auf einem menschengerechten Sozialismus installieren. Jeder hatte seine eigenen Vorstellungen von Sozialismus, aber bei uns allen waren diese vorerst sehr theoretisch, uns fehlten klare Konzepte, wie wir unsere Ideen umsetzen wollten. In den Diskussionen mit meinen Freunden begann ich all die Dinge, die mir bis dahin zugestossen waren, auch politisch einzuordnen: Rindis Tod, Rajmunds Ermordung, das Handeln des Rektors, als ich jenes Podiumsgespräch organisierte … Zwei meiner Freunde besuchten in Buenos Aires die Englische Schule, weil die Schweizer Schule geschlossen worden war, die anderen zwei lebten mittlerweile ebenfalls in Misiones. Wir warteten alle sehnsüchtig auf den Tag, an dem wir mit dem Abitur in der Tasche studieren konnten. Die FLA wuchs schnell, aus den fünf Gründungsmitgliedern wurde in Missiones eine Gruppe von achtzig Leuten, viele weitere hatten sich uns in Buenos Aires angeschlossen. Uns waren nicht nur die Machenschaften des Militärs ein Dorn im Auge, sondern auch das zuweilen zweifelhafte Agieren der Perónisten. Diese hatten zum Beispiel die Mindesthaltbarkeit für Lebensmittel und andere Waren durchgesetzt, auch für Zucker, Toilettenpapier und weitere, lange haltbare Produkte. Dann schwärmten ihre Kontrolleure in die Geschäfte aus, sagten, ›Das ist abgelaufen‹, und konfiszierten die Ware – um ein neues Etikett mit neuem Datum darauf zu kleben und sie selbst zu verkaufen. Wir erkannten, dass sich unsere Organisation mit anderen Gruppierungen austauschen musste, und knüpften Kontakte zu anderen Widerstandsgruppen. Diese Treffen fanden stets im Geheimen und unter grosser Vorsicht statt. Die anderen Organisationen hatten Angst, dass wir Spitzel der Regierung seien und sie infiltrieren sollten. Zuerst fand ich, ›Die haben doch die totale Paranoia.‹, später begriff ich, wie entscheidend all diese Vorsichtsmassnahmen fürs Überleben waren; die Junta versuchte, überall ihre Ohren zu haben. So gab es zum Beispiel bei den Bus- und Zugbahnhöfen mit Gittern gesicherte Zugangsschleusen, durch die alle Reisenden zum Bus oder Zug gelangten. Gleich nebenan lag ein Raum mit abgedunkelter Scheibe, die keinen Einblick, aber klaren Ausblick bot. In diesen Räumen beobachteten solche Spitzel die Passanten, und wenn sie eine Person aus einer linken Gruppierung erkannten, wurde diese von bereitstehenden Soldaten sofort verhaftet und abgeführt. Die Junta war für Informationen aus dem linken Umfeld dankbar und bezahlte die Denunzianten. Das war nach 1968, wir hatten von den Pariser Studentenunruhen gehört, sahen in den Zeitungen Fotos von Strassenschlachten und hörten von Kommunen, die die freie Liebe propagierten. Was aber sollte das mit den Problemen Lateinamerikas zu tun haben? In Europa sprachen die Linken vom Lumpenproletariat, das befreit werden sollte, hier in Misiones gab es kaum Industrie, die Unterdrückten und Ausgenutzten waren die Kleinbauern und Golondrinas.«

Ernesto goss sich aus der Thermosflasche, die Viviane hatte stehen lassen, Kaffee in seine Tasse und fragte: »Bist du überhaupt interessiert an dem, wofür wir damals kämpften? Oder ist dir Südamerika so fremd wie einer sibirischen Schneegans?« Das Gegenteil war der Fall. Ich hatte mich in meiner Jugend sehr für die gesellschaftlichen Umwälzungen in Südamerika interessiert. Ich hatte *›Die offenen Adern Lateinamerikas‹* von Eduardo Galeano gelesen, die Befreiungstheologie versöhnte mich etwas mit der christlichen Kirche, der Militärputsch unter General Pinochet in Chile liess mich ernsthaft erwägen, mich dem chilenischen Widerstand anzuschliessen. Ich tat es nicht, litt stattdessen still an meiner Untätigkeit. Auch jetzt, wo Ernesto mit seiner sanften Stimme erzählte, spürte ich, wie mich Scham überkam. »Was sind Golondrinas?«, fragte ich und hoffte, Ernesto werde einfach weitererzählen.

»Golondrinas, Schwalben, nannten wir jene, die für die Arbeit mit der Familie von Feld zu Feld zogen, um sich den Lebensunterhalt zu verdienen. Diese Wanderarbeiter waren einer grenzenlosen Ausbeutung ausgesetzt. Meistens erhielten sie von den Grossgrundbesitzern kein Geld, sondern nur Gutscheine, mit denen sie in den Läden derselben Grossgrundbesitzer für überhöhte Preise das Notwendige einkaufen konnten. Oft war selbst der Arzt oder Apotheker vom Grossgrundbesitzer angestellt; auch so floss das Geld an ihn zurück. In Misiones gab es neben den Golondrinas viele Kleinbauern. Durch die Aufteilung des landwirtschaftlichen Besitzes an die Nachkommen wurde die nutzbare Fläche für den einzelnen Bauer immer kleiner, bis er nicht mehr davon leben konnte.

In Missiones setzte die FLA ihren Schwerpunkt vorerst in die Aufklärung der Kleinbauern und Golondrinas über ihre Rechte und die Möglichkeiten zur Verbesserung ihrer Lebenssituation. Viele konnten weder lesen noch schreiben. Wir nutzten diese Gesprächsrunden auch dazu, die Menschen nach der Methode von Paulo Freire, einem bekannten brasilianischen Pädagogen, zu alphabetisieren. Kurz vor dem Abitur wurde ich in eine Arbeitsgruppe, die ›comission directiva‹, bestehend aus Abiturienten, Studenten und Professoren aufgenommen. Wir waren uns einig: Das Bildungssystem musste nach dem Credo ›Bildung für alle‹ geändert werden. Diese Botschaft galt es, in die Öffentlichkeit zu tragen. Wir organisierten einen einwöchigen Kongress in Monte Carlo, fünfzig Kilometer nördlich von Puerto Rico. Den Vorsitz der comission directiva hatte ein deutscher Uniprofessor, weil auch er mit dem bestehenden Bildungssystem überhaupt nicht einverstanden war. Das verhalf uns zu Aufmerksamkeit, der argentinische Erziehungsminister sagte seine Teilnahme zu und auch der Gouverneur von Missiones, der sich gerne einen fortschrittlichen Anstrich gab. Letzterer erlaubte sich aber vor Beginn der Veranstaltung eine Peinlichkeit, die er nicht wieder rückgängig machen konnte: Als er am Kongressort aus seinem Wagen stieg, sah er einen älteren Mann am Wegrand mit einer Schaufel einen Graben ausheben. Er rief den Mann zu sich und befahl, ›Hey Alter, komm, trag mein Gepäck ins Haus‹. Der Mann kam der Aufforderung mit einem Lächeln nach. Kurz nach der Eröffnung des Kongresses trat dieser Mann aufs Podium, und der Gouverneur in der vordersten Reihe wollte wissen, was der hier verloren habe. Er wurde darüber aufgeklärt, dass dieser Mann Universitätsprofessor sei, fünf Doktor-Titel und den Vorsitz der commision directiva habe. Natürlich machte diese Geschichte unter den Kongressteilnehmern die

Runde. In diesen Tagen wurde lebhaft diskutiert, gute Vorschläge kamen auf den Tisch, wir glaubten gehört und verstanden zu werden. Dann änderte sich die Stimmung schlagartig: Fünf Stunden vor der Abschlussveranstaltung wurde derjenige aus dem Organisationsteam verhaftet, der die Abschlussrede halten sollte. Er gehöre der kommunistischen Partei an, hiess es, und er werde auf der Polizeiwache festgehalten. Im Komitee wurde diskutiert, was zu tun sei. Einige fanden, das könne man nicht tolerieren, und plädierten dafür, den Verhafteten zu befreien. Andere waren der Ansicht, ein anderes Mitglied des Komitees solle die Abschlussrede halten, und die Mehrheit bestimmte mich als Redner. Anwesende Erwachsene machten Einwände und plädierten dafür, dass der deutsche Professor die Rede halten solle. Der aber lehnte rundweg ab und erklärte, ›Nein, die Studenten haben Ernesto für diese Aufgabe bestimmt, und so soll es sein‹. Danach trat der Professor zu mir und flüsterte mir zu, ›Es hängt jetzt von dir ab, was weiter passiert‹. Ich hatte keine Ahnung, was ich sagen oder tun sollte, aber zwei Dinge wurden mir schlagartig bewusst. Erstens: Hier warten siebenhundert Studenten auf meinen Entscheid. Zweitens: Ich habe Verantwortung und ich habe – Macht. Das löste bei mir alles andere als Begeisterung aus, im Gegenteil, ich fürchtete mich vor den Folgen meines Tuns. Ich hätte sagen können, ›Gehen wir und befreien ihn‹. Aber wir wussten, das Militär war mit Maschinengewehren rund um das Kongresszentrum und die Polizei-wache in Stellung gegangen. Es hätte ein Massaker gegeben.

Ob du's glaubst oder nicht, ich erinnere mich nicht, was ich damals sagte, aber nach meiner Abschlussrede standen die Studenten auf den Tischen und sangen ein Studentenlied. Danach verliessen wir einzeln oder in kleinen Gruppen ganz friedlich den Tagungsort. Irgendetwas in meiner Rede hatte die Situation beruhigt, und ich weiss verflixt noch mal nicht mehr, was ich da gequasselt habe! Heute frage ich mich, wieso ich so und nicht anders reagierte. Ich hätte mich zum Leader machen können: ›Folgt mir, wir befreien unseren Kommilitonen!‹. Wenn du Macht hast, wirst du bewundert. Plötzlich sind da hunderte von Leuten, die sich als deine Freunde ausgeben. Aber man kann die Dinge so oder so sehen: In der Folge meines Auftritts wurde ich auch von vielen als Feigling geschmäht, der die Revolution und den Kampf verraten hat. Letztlich führte der Kongress doch bei vielen Studenten zu einer Bewusstseinsveränderung. Auch unsere Alphabetisierungskampagne erhielt durch jenen Anlass neuen Schwung. Das Militär reagierte nach dem Kongress mit der Verhaftung weiterer Studenten und verordnete ihnen Hausarrest. Diese Drohgebärden des Militärs verliefen ziemlich lächerlich: Ein Soldat holte am Morgen den betroffenen Studenten vor seiner Wohnung ab, fuhr ihn zur Universität, wartete vor dem Hörsaal, brachte ihn nach Hause zurück – und verschwand zur Schlafenszeit wieder in seiner Kaserne. Das verhinderte natürlich das Politisieren und Agieren der Studenten keineswegs.

Offiziell studierte ich nach bestandener Aufnahmeprüfung an der Universität in Posadas Agronomie, in Tat und Wahrheit engagierte ich mich ausschliesslich für politische Aktionen, auch für illegale. Der rhetorische Schlagabtausch zwischen den verschiedenen linken Gruppierungen ging mir langsam auf den Wecker. Ich interessierte mich immer weniger für andere Widerstandsgruppen wie die Montoneros, das ELN (Ejército de Liberación Nacional) und das ERP (Ejército Revolucionario del Pueblo) und wie sie alle hiessen. Statt ein

Flugblatt mit wichtigem Inhalt zu drucken, stritt man sich darüber, ob Marx tatsächlich eine Geliebte gehabt hatte oder nicht. Das war absurd, ich fand, wir hätten keine Zeit zu verlieren. Auch wenn ich kaum zum Schlafen kam und mich mit einem kleinen Nebenjob gerade so über Wasser halten konnte, genoss ich jene Zeit an der Uni. Ich war angetrieben, meine Meinung galt trotz meines jugendlichen Alters von siebzehn Jahren auch bei den Erwachsenen etwas. Ich fühlte mich wichtig, wollte diese Macht für gesellschaftliche Veränderungen einsetzen und engagierte mich mit meinen vier Mitbegründern der FLA in Aktionen zur Aufklärung der Bevölkerung. Wir entwarfen und druckten heimlich Flugblätter.

Unsere politischen Konzepte stiessen aber hier in Posadas an Grenzen. Missiones war zu ländlich, war Provinz. Die Zukunft, so schien uns, lag nicht bei den Schweizer Bauern von Missiones, sondern im städtischen Umfeld. In Buenos Aires studierten die Söhne und Töchter von Bauern *und* Städtern, das gab eine interessante Kombination. Die FLA wuchs ständig, wir hatten die Tausender-Grenze überschritten, der Schwerpunkt unserer Aktionen verlagerte sich in die Hauptstadt. Ausserdem war die Millionen-Agglomeration von Buenos Aires geeigneter, um untertauchen zu können. 1972, im Jahr, in dem Natalie, meine Stiefmutter, nach über dreissig Jahren in die Schweiz zurückkehrte, zog ich in die Metropole.

Der Beginn der Siebzigerjahre war in Argentinien eine Zeit politischer Instabilität, linke Gruppierungen nutzen die Freiräume, um sich zu entfalten. Die Militärs im Hintergrund einer schwachen Regierung bekämpften alles, was ihnen kommunistisch erschien oder was sie als kommunistisch deklarierten. Sie fürchteten Verhältnisse wie in Chile, wo die sozialistische Regierung von Salvador Allende an der Macht war. Studenten waren per se suspekt, solche, die Flugblätter druckten, definitiv verdächtig. Alleine der Besitz bestimmter Bücher genügte ihnen für eine Verhaftung und für Folter. Daneben war die rechtsextremistische, halbstaatliche Alianza Anticomunista Argentina (AAA) besonders aktiv und berüchtigt. Ihre Todesschwadronen ermordeten zahlreiche linke Aktivisten oder liessen unliebsame Leute einfach verschwinden. Aber das weist du ja, wenn du die Geschichte Südamerikas kennst. Ich will dir nicht weiter Jahreszahlen und Bekanntes um die Ohren schlagen, vielleicht interessiert dich aber, wie wir als Organisation in jenen Jahren funktionierten und operierten.«

»Schaffst du's bis ans Ende des Flurs? Ich würde gerne noch eine rauchen. Der Arzt sagte, wenn ich weiterleben will, dürfen es pro Tag höchstens vier Zigaretten sein. Aber erstens: Will ich weiterleben? Und zweitens: Es ist jetzt nicht Tag, sondern Nacht, und von den Nächten hat der Médico nicht geredet. Dir täten ein paar Atemzüge frische Luft auch gut.« Ernesto half mir beim Aufstehen, er stützte meinen linken Arm, mit unseren freien Händen schoben wir die Infusionsständer vor uns her. Im Stationsbüro tippte Viviane auf ihrer PC-Tastatur. Als sie uns erblickte, verdrehte sie die Augen, und lachte. »Ihr zwei seht grandios aus, reif für ein YouTube-Filmchen!« Ernesto schmunzelte und deutete mit dem Finger auf mich: »Wir sind noch ein bisschen am Üben, dem jungen Mann neben mir fehlt etwas die Routine. Warte mal, bis wir auf dem Rückweg vorbeikommen.« Die frische Luft auf dem Balkon tat mir gut, vor allem aber die Lichter und Geräusche der Stadt, die mir zuflüsterten, »Komm her, hier wartet das Leben auf dich, die Welt endet nicht im Krankenhausflur.« Die

Schritte zurück zu unseren Sesseln gelangen mir sicherer, Ernesto brauchte mich nicht mehr zu stützen.

»Am Anfang konnte ich mich in Buenos Aires frei bewegen, wenn ich gewisse Bereiche der Stadt oder grosse Menschenansammlungen vermied. Weil man an diesen Orten stets mit Spitzeln und der Polizei rechnen musste, ging ich weder ins Kino noch an Fussball-Matches. Nachts war ich kaum unterwegs, denn wer nach zehn Uhr abends draussen war, machte sich verdächtig. In den Medien wurde eine Telefonnummer publiziert, die man wählen sollte, um einen Nachbarn, einen Freund oder Fremden zu denunzieren. Dafür gab's hundert Dollar, wenn die Person verhaftet wurde und geständig war. Um nicht aufzufallen, ging ich manchmal zwei, drei Schritte hinter einer Gruppe Jugendlicher oder älterer Leute, als ob ich dazu gehörte. Ich übernachtete zeitweise in der Bibliothek der Universität; der Hausmeister, ein deutscher Jude, der das Konzentrationslager Auschwitz überlebt hatte, liess uns da schlafen und arbeiten. Gelegentlich konnte ich bei Freunden wohnen, oder ich fand in einem verlassenen Gebäude Unterschlupf, so wie es sich gerade ergab. Natürlich war ich froh, wenn jemand sagte, ›Komm zu mir schlafen‹. Die ersten Monate in Buenos Aires waren für mich ein aufregendes Abenteuer. Ich war überzeugt, dass mir nichts passieren kann. Wir wussten, dass Leute verhaftet und gefoltert wurden, aber es schien uns nicht zu betreffen. Dass in einem Gefängnis im Süden Argentiniens vierzig Gefangene erschossen worden waren, machte die Runde. Offiziell wurde von einer Meuterei der Gefangenen geredet, tatsächlich war das der Anfang der bewussten Liquidierung politischer Häftlinge. Wir spürten eine diffuse Bedrohung, das war aber alles. Wir konnten mehr oder minder ungehindert Plakate kleben, durften uns einfach nicht erwischen lassen. Fassten sie uns, wurden wir an Ort und Stelle verprügelt oder mit Bussen zum Polizeiposten gebracht und dort zusammengeschlagen. Dass es auch für uns schlimmer kommen könnte, sahen wir nicht oder wollten wir nicht sehen. Uns fehlten gesicherte Informationen. Wenn jemand über eine Begebenheit berichtete, bauschte er die Ereignisse meistens etwas auf; das liegt im Wesen der Argentinier, die müssen alles übertreiben, um sich ein bisschen wichtig zu machen.

Die diversen linken Organisationen begannen, an den Unis und bei den Schulabgängern Leute zu rekrutieren. Wir druckten revolutionäre und aufklärerische Broschüren. Wir hielten das für die bessere Alternative zu jener der Montoneros, die meistens einfach ihre Parolen mit dem Pinsel an die Wände malten. Wir fanden ›Patria o muerte!‹ (Vaterland oder Tod) an eine Mauer zu pinseln, habe nichts mit Argentinien zu tun, das sei bloss ein revolutionärer Spruch aus Kuba. Wir verteilten unsere Broschüren und Texte in Schulen, an der Uni, auch unter Gewerkschaftern. Spätestens als ich sah, wie jemand damit Feuer machte, um seinen Assado zuzubereiten, fragte ich mich, ob sich die Mühe lohnt, wenn die Leute unsere Broschüren nur als Brennmaterial verwenden. Durften so viele Leute für etwas in Gefahr gebracht werden, was sein Ziel verfehlte? Mit dem Verteilen alleine waren die Broschüren eben noch nicht gelesen. Die Menschen wollten das alles nicht wissen, sie taten es als Hirngespinste langhaariger Ideologen und Kommunisten ab. Ihre Alltagssorge bestand darin, wie man zwei, drei Jobs findet, um bei der gewaltigen Inflation die Familie durchzubringen.

Die Zeit der Abenteuerspiele wich bitterem Ernst. Brutale Gewalt, Verhaftungen und Folter tauchten zunehmend in unserer unmittelbaren Nähe auf. Es ging nicht mehr um Gefangene im fernen Süden des Landes, wir hörten von Verhaftungen an der Uni, von Bekannten, die zusammengeschlagen wurden und daran starben. Der Kampf gegen das System war plötzlich ganz real und sehr persönlich. Statt Pamphlete zu drucken, überlegten wir uns, einen Polizeiposten zu stürmen und Kommilitonen aus dem Gefängnis zu befreien. Aber wir waren noch nicht so weit, wir brauchten Geld, Waffen, neue Identitäten … Für die Allgemeinheit war ich Student, ich war mir aber sicher, dass ich als Gründungsmitglied der FLA bereits ins Fahndungsraster der Polizei und der AAA geraten war. Ich begann, mich mit verschiedenen Namen in der Gesellschaft zu bewegen. Zum Glück konnte einer in unserer Gruppe perfekt Dokumente fälschen. Dieser Typ bildete Lehrlinge aus, die dann ebenfalls ein Doppelleben als Grafiker und Fälscher führten. Mittlerweile war ich ständig für die FLA unterwegs, in Buenos Aires, Misiones oder anderen Provinzen. Wenn ich nicht selber an der Vorlesung teilnehmen konnte, unterschrieb jemand für mich das Attest, dass ich die Vorlesung besucht hatte. Schwieriger war es, in Kontakt mit wichtigen Leuten anderer Organisationen zu treten. Sie misstrauten mir und argwöhnten, ich sei ein Spitzel. Meistens lief der Kontakt über einen Bekannten in Buenos Aires, der mir etwa empfahl: ›Ok, wenn du in Cordoba bist, melde dich bei dem Soundso, der wird dir weiterhelfen‹. In neunzig Prozent der Fälle war das aber nicht der Fall. Jeder wollte der Grösste sein und machte sich mit vermeintlichen Kontakten und Verbindungen wichtig. Noch schlimmer, jede einzelne Widerstandsgruppe versuchte sich als die einzig wahre darzustellen und bekämpfte andere Organisationen. Auch wenn wir den Anschein von Geschlossenheit erweckten, eine linke Einheit gab es nie wirklich.

Für Hilfe und Unterstützung musste viel Aufwand

betrieben werden: Es galt, Glaubwürdigkeit zu erlangen, und die eigenen Aktionen mit jenen der anderen Organisation kompatibel zu gestalten. Vor allem aber mussten wir eine Struktur aufbauen, welche die Infiltration durch Spitzel erschwerte und bei einem Leck nicht gleich die ganze Organisation auffliegen liess. Wir bildeten autonom agierende Zellen von jeweils rund zehn Leuten. Nur eine dieser Personen hatte Kontakt zu einem Verbindungsmann einer anderen Zelle. Und in der Zelle wusste ausser dem Betroffenen niemand, wer diese Funktion innehatte. Die Idee dahinter war einfach: Ein Spitzel erfuhr auf diese Weise möglichst wenig über die gesamte Organisation, er konnte höchstens die Mitglieder der eigenen Gruppe verraten. Andererseits konnten Personen aus der Gruppe, die verhaftet und gefoltert wurden, keine Auskunft zur gesamten Organisationsstruktur preisgeben. Das Wissen über die anderen der Gruppe möglichst klein zu halten, hatte aber einen Nachteil: Spitzel gelangten leichter in die Gruppe, weil keiner über den anderen Bescheid wusste. Auch konnte der Kontakt zu einer Gruppe gänzlich verloren gehen, weil der Verbindungsmann verhaftet, verschwunden oder getötet worden war. Mit nahezu fünftausend Personen in der FLA war es so gut wie sicher, dass irgendwo Spitzel sassen oder Mitglieder zu Verrätern wurden. Gemeinsame Aktionen, die wir in der Führungsriege planten und mit mehreren Gruppen durchführen wollten, koordinierten wir erst drei, vier Tage im Voraus, damit unsere Aktion nicht verraten werden konnte. Und trotzdem liess sich das nicht immer vermeiden.

Du siehst, die Sitten wurden rauer – auf beiden Seiten. Die Zeiten von Aufklärungskampagnen auf der einen und Einschüchterungen auf der anderen Seite waren vorbei. Wir reden jetzt vom bewaffneten Kampf gegen eine Polizei und eine Armee, die mit allen Mitteln demokratische Strukturen oder gar eine sozialistische Gesellschaftsordnung verhindern wollten. Noch immer ging es uns, der FLA, und anderen Gruppierungen um die Verbesserung der Lebensqualität der Bevölkerung, insbesondere der Unterprivilegierten, aber die Mittel dazu änderten sich. Klingt das für dich nach Klassenkampf? War es auch. Wir hatten die Gewerkschaften und Kleinbauern auf unserer Seite. Wenn nötig unterstützten wir unsere ›Combatientes‹ finanziell, weil sie ihre Arbeit verloren oder aufgegeben hatten und ihren Familien die Existenzgrundlage fehlte. Aber dieser Lohn, wenn du es so nennen willst, war kaum ein Anreiz, bei uns mitzumachen. Rund achtzig Prozent dieser Unterstützung wurde durch Naturalien beglichen. Wenn zum Beispiel eine Frau einen Frauenarzt oder eine Hebamme brauchte, dann waren es Leute der FLA, die diese Leistung erbrachten. Wir bildeten Genossenschaften, um Land zu kaufen und es an die Genossenschafter zu verteilen. Wir verschenkten das Land nicht, aber wir konnten ein Startkapital geben. Wir wurden eine Art Bank, die wir fünf Gründer leiteten. Wollte zum Beispiel jemand einen kleinen Tabakladen eröffnen, sagten wir, ›Ok, du bekommst das gewünschte Kapital und kannst es zinslos in Raten zurückbezahlen, aber an Stelle von zehn Raten bezahlst du zwölf. Die zwei zusätzlichen Raten verwenden wir dafür, jemand anderem eine Geschäftseröffnung zu ermöglichen‹. Auch wenn einer ein Auto kaufen wollte, fragten wir nicht, warum er ein Auto braucht, das hätten wir als Bevormundung betrachtet. Er hatte sich einfach an die genannten Konditionen zu halten. Natürlich wurden wir auch mal betrogen, aber das war zu verkraften. Ich bin überzeugt, dieses Kreditsystem hätte funktioniert, wenn wir uns nicht in Kriegszeiten befunden hätten. Ich meine damit nicht, dass sich Argentinien zu diesem Zeitpunkt in einem Krieg mit einer anderen Nation befand, das war nicht länderübergreifend. Die Kriegsgegner waren die da oben und wir hier unten. Wenn die Arbeiter eines Betriebs für bessere Arbeitsbedingungen streikten und auf die Strasse gingen, waren immer häufiger bewaffnete paramilitärische Einheiten zugegen, die auf die Demonstranten losgingen, sie im besten Fall verprügelten, schlimmer aber von ihren Schusswaffen Gebrauch machten und dies nachher als Notwehr deklarierten. Sie wussten, sie hatten nichts zu befürchten, kein Gericht würde sie schuldig sprechen. Für solche Fälle boten wir den Streikorganisatoren unseren Schutz an. Wir postierten jeweils rund um den Streikort, möglichst in erhöhter Lage, aber versteckt, ein paar unserer bewaffneten Leute. Meistens gingen auf den Seiten und hinter den Streikenden jeweils zwei Combatiente in Position, blieben aber vorerst im Verborgenen. Eröffneten die Paramilitärs das Feuer auf die Streikenden, schossen wir zurück oder warfen Molotowcocktails, damit sich die Angreifer auf uns konzentrierten und die Streikenden nicht in die Schusslinie gerieten. Das war der Anfang des bewaffneten Kampfes. Der Gebrauch der Schusswaffe gegen Menschen fiel uns erstaunlich leicht. Wir sahen nur behelmte Köpfe und Schultern. Du brauchtest keinem in die Augen zu schauen, bevor du den Abzug drücktest.« Wieder sprach Ernesto regungslos mit dieser sanften Stimme, dass er auf andere Menschen geschossen hatte. »Wie hast du dich denn dabei gefühlt?«, wollte ich wissen. »Gefühlt?« Diese Frage schien Ernesto mehr an sich selbst zu richten als an mich. »Gefühlt?«, murmelte er nochmals und zuckte mit den Schultern. »Wart ab, da kommt noch mehr, zuerst erzähle ich dir, wie wir uns Geld beschafften. Auch das war nicht gerade die feine

Art, aber von Spenden alleine lassen sich keine Waffen kaufen.« Er griff nach der Thermosflasche und wollte sich einschenken, aber da fielen nur noch ein paar schwarze Tropfen in seinen Becher. »Ich brauch noch etwas Flüssiges – Kaffee, Wasser, was immer Viviane noch zu bieten hat. Ich rede und rede, das macht durstig.«

Es war unvermeidlich, dass ich erneut Vergleiche zu meinem eigenen Leben zog, während Ernesto im Stationsbüro war. Ernesto musste achtzehn gewesen sein, als er in den Untergrund ging, sich verschiedene Identitäten zulegte, den Widerstand der FLA organisierte und zur Waffe griff. Mit achtzehn brauchte ich meinen Schülerausweis nicht mehr zu fälschen, um an der Kinokasse für Filme ›ab 18 Jahren‹ eingelassen zu werden. Ich hatte soeben die Fahrprüfung bestanden, trampte in den Sommerferien nach Südfrankreich und lag am Strand in der Sonne. Noch immer wohnte ich zuhause, und meine einzige Sorge war, ob ich das Abitur schaffen würde. Der Vietnamkrieg, die Zustände in Lateinamerika, auch Maos Kulturrevolution beschäftigten mich, aber sie waren von mir so weit weg, wie die Berliner Kommune und die freie Liebe von Ernesto. Während er zur Waffe griff, fühlte ich mich als Pazifist und plante den Militärdienst zu verweigern.

Ernesto war zurück. »Viviane meinte, es nütze sowieso nichts, uns ins Bett zu schicken, also könne sie ebenso gut dafür sorgen, dass wir wach bleiben. Da hat sie recht, oder willst *du* schlafen gehen?«

»Die Geldbeschaffung, Ernesto, erzähl, wie ihr zu Geld gekommen seid.«

Nach zwei Uhr

»Das Geld beschafften wir uns mit Banküberfällen oder Erpressungen. Die einzelnen Gruppen agierten meistens autonom und eigenverantwortlich; einen Teil der Beute leiteten sie an die Zentrale der FLA, also an uns fünf Gründungsmitglieder, weiter. Wir überwiesen oder übergaben das Geld an jene, die es gerade benötigten. Bei den Erpressungen hatten wir es meistens auf Männer abgesehen, speziell auf Familienväter, die ein Dienstmädchen vergewaltigt hatten. Diese Haushalthilfen aus der Provinz oder aus benachbarten Ländern wurden meistens durch Agenturen mit dem Versprechen auf einen Fantasielohn angeworben und vermittelt. Nicht selten wurden sie schon in den ersten Wochen an ihrem Arbeitsplatz vergewaltigt. Man brachte sie dann mit Geld, mit dem Versprechen, sie weiter zu beschäftigen, oder mit Drohungen gegen ihre Familien zum Schweigen. Über unser Netz, das mittlerweile aus Tausenden bestand, erfuhren wir immer wieder von solchem Missbrauch und wussten, wo etwas zu holen war. Die Vergewaltiger zahlten weniger aus Furcht vor einer staatlichen Verfolgung als aus Angst, ihre Ehefrauen könnten etwas erfahren. Wenn sie einen entsprechenden Status hatten und in der Öffentlichkeit standen, befürchteten sie einen Skandal. Erpressungen, bei denen Menschen zu Schaden kamen, lehnte ich stets ab. Eine Bombe im Supermarkt explodieren zu lassen, wenn sich dort viele Leute aufhalten, ist zynisch und politisch zwecklos. Sie hätte jene Leute zu Opfern gemacht, denen wir helfen wollten. Für mich zählte bei Erpressungen auch die moralische Komponente: Unsere Feinde waren nicht gewöhnliche Bürger und einfache Soldaten, sondern machtgeile Männer, skrupellose Geschäftsbesitzer oder Befehl gebende Offiziere.

Die Banküberfälle liefen meistens nach demselben Muster ab: Bankangestellte, die mit Leuten der FLA liiert waren, lieferten die Informationen. Wir überfielen die Bank zwei, drei Tage vor dem Zahltag oder wenn wir

Wind davon bekommen hatten, dass durch einen grossen Kauf oder Verkauf viel Geld in der Kasse lag. Wir sorgten dafür, dass beim Überfall der Bankwächter nicht vor Ort war, indem wir zum Beispiel bei einem Auto nahe des Bankeingangs die Hupe so aktivierten, dass sie sich nicht abstellen liess. Natürlich sah es der Wächter als seine Aufgabe, das zu kontrollieren. Oder jemand deponierte vor der Bank einen satten Haufen Mist. Die herbeieilende vermeintliche Putzmannschaft setzte sich aber aus unseren Leuten zusammen, die den Überfall ausführten. Gelegentlich kam es zu Zwischenfällen, weil jemand die Nerven verlor und zu schiessen begann oder vor Aufregung zitterte und dabei den Abzug seiner Waffe betätigte. Das galt für die Angreifer genauso wie für die Verteidiger. In den meisten Fällen verliefen die Aktionen ziemlich harmlos. Die Bankangestellten und Wächter fanden, es mache keinen Sinn, für den Arbeitgeber das Leben zu riskieren, niemand wollte wirklich Held spielen. Den Schaden zahlte sowieso die Versicherung. Das Bankpersonal lernte damals schnell, bei einem Überfall Kaffee trinken zu gehen. Es gab Fälle, da baten Angestellte die Bankräuber, sie durchzulassen, damit sie Kaffee trinken gehen konnten. Sie liessen die Tresortüren offen oder zeigten, wo das Geld lag. Banküberfälle waren in jener Zeit fast alltäglich. Ein Kommando setzte sich jeweils aus drei oder vier Leuten zusammen, möglichst immer das gleiche eingespielte Team. Die Leute an den Bankschaltern wussten, wen sie vor sich hatten, und dass die Sache bei richtigem Verhalten ungefährlich war. Man sah nichts, wusste von nichts, das war die Devise, um sich und seine Familie zu schützen. Ein Angestellter hätte niemals bei der Polizei ausgesagt. Die Polizisten waren häufig bestechlich und an krummen Touren beteiligt. Als die Behörde das mitbekam, versuchte sie, aus drei Polizeiabteilungen eine neue zu bilden, um der Korruption Herr zu werden. Aber das war so sinnlos, wie wenn du bei einem Hund das Halsband austauschst – der Hund bleibt derselbe. Die Banken selbst waren korrupt und erfanden Überfälle, um von der Versicherung zu kassieren. Als die Versicherungen das erkannten, änderten die Banker ihre Strategie und beauftragten Leute, um eine eigene Filiale zu überfallen. Die Bank überfiel sozusagen die Bank.

Das Geld versteckten wir teilweise in noch bestehenden Fundamenten von Abbruchhäusern. Auf dem Land eigneten sich als Versteck das Umfeld der Tränken für Kühe, weil dort der Boden immer durch die Hufe umgepflügt wurde und keine Grabspuren sichtbar waren. Jede Gruppe hatte ihre eigene Taktik, und jede Gruppe meldete uns, wo sie wieviel Geld erbeutet hatte. Wenn ein Kommando etwa zwei Millionen Pesos beschafft hatte, behielt es hunderttausend, den Rest liess es über die Kontaktperson der Gruppe uns zukommen. Nur die drei oder vier, die am Überfall beteiligt waren, und die Kontaktperson, die das Geld weiterleitete, wussten davon. Die anderen der Gruppe erfuhren nicht, wer am Überfall beteiligt war. Hätte ein Gruppenmitglied versucht, an Informationen über einem Bankraub zu kommen, wäre er als Spitzel verdächtigt worden; auch da funktionierte die soziale Kontrolle gut. Das erbeutete Geld, das uns in der Führungsriege weitergereicht wurde, versteckten wir meistens auf dem Konto bei einer anderen Bank. Wir zahlten die Gelder auf das Konto eines Geschäftsmannes ein, der mit unserer Gruppe liiert war. Wir wählten die Beträge in der Höhe so, dass sie bei den üblichen Kontobewegungen unserer Kontaktperson nicht auffielen. Er wiederum hob etwas später neunzig Prozent der von uns einbezahlten Summe von seinem Konto ab und begründete das mit einem Autokauf. Das klang glaubwürdig, wenn er mit einem alten Jaguar vorgefahren war. Er verlangte den Betrag in bar, weil der Autohändler keine Checks akzeptiere. Und schon war das Geld vom Überfall gewaschen.

Andere Untergrundorganisationen misstrauten uns, weil wir mit gut situierten Leuten Kontakte pflegten und diese in unsere Organisation einbanden. Wir fünf von der FLA-Führung waren aber der Ansicht, mit dem Gewehr alleine gelinge keine Revolution. Wir waren überzeugt, dass es in allen sozialen Schichten Unzufriedene gab, und wenn wir diesen in irgend einer Form helfen konnten, würden wir sie auch für unsere Sache gewinnen können. Deshalb suchten wir Kontakte in den oberen Schichten, um eine Veränderung auf allen Ebenen bewirken zu können. Wir hielten das für die vielversprechendere Strategie, als sich mit der Waffe den Weg von unten nach oben frei zu schiessen. Die Geschichte lehrt uns ja: Wer durch eine Revolution an die Macht kommt, verhält sich danach oft nicht anders, als diejenigen, die er verjagt hat. Wie heisst es doch gleich: Die Revolution frisst ihre eigenen Kinder.

Unsere Strategie funktionierte, solange die Beteiligten davon profitierten. Es gab aber auch Faktoren, die für das System und für uns selbst zum Sicherheitsrisiko wurden: Erlebte ein Gruppenmitglied durch sein Engagement für die FLA jedoch Enttäuschung, Langeweile oder Angst, endete das oft in Nachlässigkeit oder im schlimmsten Fall in Verrat. Weder das eine noch das andere konnten wir tolerieren, denn es bedeutete für weitere Gruppenmitglieder Gefahr, im schlimmsten Fall Verhaftung, Folter oder gar Tod. Eines war uns klar: Unter Folter redet jeder, die Frage ist, was er gesteht. Auch wenn keiner damit rechnete, dass es ihn selber treffen könnte, übten wir untereinander die Folter, Waterboarding, leichte Elektroschocks und so weiter. Wir hängten uns aber nicht mit auf dem Rücken gebundenen Händen an der Decke auf, auch wenn das eine gängige Folter war. Mit der Zeit kugeln da die Schultern aus. Wir achteten darauf, dass keine bleibenden Verletzungen entstanden. Wir trainierten auch psychische Folter, weil wir dachten, sie richte keine Schäden an. Das war eine Falschannahme, diese psychischen Misshandlungen hinterliessen bei vielen von uns Defizite. Wir trainierten das alles, um zu erfahren, wie weit wir Schmerzen ertragen können. Es war uns bewusst, dass die echte Folter weitergehen würde, aber irgendwie nahm es uns doch ein wenig die Angst davor. Wir suchten auch nach der besten Taktik, damit die Folterer wenig mit den erpressten Infos anzufangen wussten. Am besten bestätigte man Informationen, von denen man glaubte, dass sie bereits bekannt waren. Ein Gruppenmitglied sollte also seine Teilnahme an einem Überfall gestehen, aber Angaben über weitere Aktionen oder geheime Treffpunkte falsch angeben – Informationen so liefern, dass die Folterer nicht wissen konnten, was wahr und was falsch ist.

Noch grösser als die Angst vor der Folter war die Furcht, nach einer Freilassung von der eigenen Einheit erwischt zu werden. Denn die Gruppe ging immer von der Annahme aus, dass du geredet hast. Damit warst du nicht mehr vertrauenswürdig und zum Risiko geworden. Du liefst Gefahr, von der eigenen Organisation eliminiert zu werden. Es war uns allen bekannt, dass die Folterer dich ›umdrehen‹ konnten, das heisst, dich zum Spitzel machten. Wer die Folter überlebte, floh wenn möglich ins Ausland.«

Von draussen war ein motorisches Brummen zu hören, das lauter wurde, zum Knattern von Hubschrauber-Rotoren anschwoll und verstummte. Ich stellte mir vor, dass ein Notfall vom Unfallort ins Krankenhaus gebracht wurde, oder ein Organ, das gerade noch im Körper eines Spenders gearbeitet hatte, nun einem anderen zugutekommen soll. Ich blickte zur Wanduhr, ein Modell, wie ich es von Bahnhöfen kenne, der Zeiger sprang gerade auf 02.18 Uhr. Ernesto hatte seine Erzählung unterbrochen. Er war in sich zusammengesunken und hielt die Augen geschlossen. »Ernesto, bist du müde, willst du aufhören?« Ich erhielt keine Antwort. Ich füllte unsere Becher mit Kaffee, wartete eine Weile und fragte erneut: »Ernesto, sollen wir Schluss machen?« Er öffnete die Augen und blickte mich an. Er schien müde zu sein, nicht schläfrig, müde von all dem, was ihm das Schicksal auferlegt hatte.

»Es gibt da etwas, worüber ich nie mehr reden wollte. Aber da wir gerade dabei sind, meine Geschichte auszubreiten, muss ich wohl auch dieses dunkle Kapitel erwähnen. Es verfolgt mich nachts, wenn ich nicht schlafen kann. Auch wenn ich mich damit beruhige, dass keine andere Lösung möglich war, plagt mich Schuld und die Gewissheit, es nicht wieder gut machen zu können. Die Verherrlichung der Che-Guevara-Story vermittelt den Eindruck, das Guerillaleben sei wildromantisch und gerecht. Blödsinn, es ist brutaler als im Militär. Wir überwachten uns ständig gegenseitig, weil wir keine übergeordneten Instanzen hatten, die uns schützten. Ich rede davon, wie wir mit Verrätern oder eben vermeintlichen Verrätern umgegangen sind. Tauchte ein Verdacht auf, gelangte diese Information meistens durch die Kontaktperson der autonomen Gruppe zu uns in den Führungszirkel. Die Gruppen delegierten die Verantwortung nach oben; vielleicht war das bequemer, als ein Mitglied der

Gruppe eigenhändig zu bestrafen. Uns kam die Aufgabe zu, den Täter zu überführen und das Strafmass für das Vergehen festzulegen. Wenn zum Beispiel einer nachts den Jeep benutzte, um die Geliebte zu besuchen, war das verboten, weil jeder, der nachts unterwegs war, der Polizei verdächtig erschien. Das bedeutete eine Gefahr für die ganze Gruppe. Stritt er unsere Beschuldigungen ab, war es an uns, Beweise zu erbringen. Im erwähnten Fall liessen wir beim Jeep das Motorenöl ab. War er mit dem Wagen wieder unterwegs, blieb er nach drei Kilometern mit defektem Motor stehen und hatte seine liebe Mühe zu erklären, warum der Jeep am nächsten Morgen gerade dort stand. Manchmal reichte ein Verweis, damit ein Genosse gehorchte. Es hinterlässt aber einen bitteren Nachgeschmack, weil es nicht anders ist als beim Militär. Ich achtete immer auch auf die nonverbalen Reaktionen des zur Rede Gestellten, wenn ich ihn mit der Anschuldigung konfrontierte. Etwa ob er wegschaute, sich verlegen an die Nase fasste oder ähnliche Körpersignale. Natürlich versuchten wir den Wahrheitsgehalt der Aussagen zu prüfen: Sagte einer, er studiere an der Uni Geschichte, liessen wir das durch Genossen überprüfen oder ich stellte ihm gezielt Fragen aus dem Lehrstoff. Hatte er auf mehrere Fragen keine Antwort, war offensichtlich, dass er nicht studierte, log und dafür vermutlich seinen Grund hatte. Manchmal mussten wir uns auf unsere Intuition verlassen und schnell entscheiden, weil sonst vielleicht das Leben anderer auf dem Spiel gestanden hätte. Nur bei einem Verräter fanden wir Material, das ihn eindeutig überführte. Er hatte eine Brieftaube bei sich und wir sahen im Moment, als er den Vogel freiliess, dass der am Bein eine Kapsel trug. Einer von uns schoss auf die Taube, sie flatterte zu Boden und wir fanden in dem Behälter den Beweis: eine Notiz, die unsere Strategie für die nächsten zwei Wochen festhielt. Diesen Mann haben wir an Ort und Stelle erschossen.

Wir befanden uns in einem zunehmend paranoiden Zustand. Hinter jeder kleinen Unsicherheit oder Schwäche eines Genossen witterten wir Gefahr. Das entsprach letztlich auch der Realität. Misstrauten wir einem Kämpfer, erhielt er keine oder Falschinformationen, damit er im Falle einer Verhaftung unter Folter nichts Wichtiges gestehen konnte. Schien uns ein Vergehen besonders gravierend, war eine Exekution nicht ausgeschlossen. Meistens konnte ich durchsetzen, dass diese Person nicht getötet wurde, sondern die Gruppe aufgelöst und die vertrauenswürdigen Combatientes in andere Gruppen integriert wurden. Ein Verräter hatte die Möglichkeit, sich vor einem Tribunal, bestehend aus sechs Personen, zu verteidigen. Diese ›Richter‹ erklärten ihm die Anklagepunkte und gaben ihm die Möglichkeit, seine Sicht der Dinge darzustellen. In fast allen Fällen entschied das Tribunal einstimmig auf schuldig, das Urteil lautete dann ›Tod durch Erschiessen‹ und wurde unverzüglich durch einen Genickschuss ausgeführt. Die Leiche begruben wir oder liessen sie mit dem Zettel ›Verräter‹ auf der Brust am Exekutionsort liegen. Manchmal setzten wir in der Nähe am Weg eine kleine Tafel, die darüber informierte, wo der Tote zu finden sei, damit die Familie die Leiche abholen konnte.

Im Allgemeinen entschieden wir fünf Gründer der FLA über das Strafmass und gegebenenfalls über die Exekution. Die anderen vier schlossen sich nur zu gerne meiner Meinung an, weil sie die Verantwortung mir überlassen wollten. Mit der Zeit durchschaute ich dieses Spiel und zwang sie durch meine Abwesenheit, selbst Entscheidungen zu treffen. Todesurteile wurden durch einen von uns fünf vollstreckt. Später erfuhr ich, dass zwei niemanden exekutierten, auch wenn sie dazu bestimmt worden waren. Sie sorgten dafür, dass die Verurteilten ins Ausland fliehen konnten. Nach sechs Exekutionen hörte ich mit zählen auf. Ich denke, es waren gesamthaft um die zwanzig, fünfundzwanzig. Die erste war schwierig, ich träumte nächtelang davon – wenn ich überhaupt Schlaf fand. Die zweite fiel mir etwas leichter, und ab der dritten war es einfach eine Aufgabe, die ich zu erledigen hatte. Zum Glück musste ich dem Todgeweihten beim Genickschuss nicht ins Gesicht sehen. Längst hatte ich gelernt, emotionslos zu agieren. Rindis Tod, Vaters Missbrauch, nicht zuletzt Susannas Zurückweisung bestätigten mich darin, dass es am besten war, nichts zu spüren, um alles besser zu ertragen. Ich beruhigte mich mit rationalen Argumenten: Schützen wir das Leben dieser einen Person oder jenes der Gruppe, die aus zehn Menschen besteht?

Ich weiss, das klingt erschreckend kalt, damals hielt ich mein Handeln für überlebensnotwendig. Ich befand mich im Krieg. Es war Krieg. Ein Combatiente, den ich Jahre später zufällig traf, sagte mir: ›*Ihr* habt mich dazu gezwungen, meine Ideale zu verraten, *ihr* habt mich verurteilt, ohne Beweise zu haben‹. Er hatte recht, die Beweise waren dürftig. Ich begriff, dass wir in seinem Fall, und leider auch in anderen, uns auf die Aussagen eines anderen Gruppenmitglieds abgestützt hatten. Er belastete den Angeklagten schwer, weil sich die beiden spinnefeind waren – in diesem Fall wegen einer Frau, in einem anderen wegen der Position in der Organisation. Ja, es wurden Fehlurteile gefällt, *ich* habe Fehlurteile gefällt. In zwei oder drei Fällen tötete ich Männer aufgrund eines Fehlurteils. Das ist die Schuld, die mich je länger je stärker nicht schlafen lässt. Ich sehe diese Männer vor mir knien, sehe sie aus Todesangst zittern oder urinieren;

die Bilder sind wieder da, klar und quälend, und eine innere Stimme fragt, ›Wie viele waren unschuldig? Was für ein Leben hätten sie geführt, wenn du sie nicht getötet hättest‹? Ich versuche diese zermürbende Frage, in einen grösseren Kontext zu stellen. Wir wollten Argentinien zu einem besseren Land machen, faire Bedingungen und Wohlstand für alle, keine Ausbeutung, demokratische Verhältnisse. Vielleicht war unsere Vision eine Utopie, aber wenigstens versuchte ich es. Wäre einer von uns wie Gandhi gewesen, hätten wir vielleicht mehr erreichen können. Aber keiner von uns hatte dessen Charisma. Gewiss, wenn nur schon zwei Leute durch mich Lesen und Schreiben lernten, ist ein Samen für mehr gepflanzt … Wären mir grössere Fähigkeiten gegeben gewesen, hätte vieles besser ausgehen können. Ich hätte keine Unschuldigen exekutiert, hätte in der Politik und in meinen Beziehungen durch Überzeugung mehr erreicht … Ich bin traurig, wie alles lief in meinem Leben und … Es war so bestimmt, es hat wohl einen Grund, den ich … Ich habe aufgehört, danach zu suchen …«

Ernestos Geschichte geriet ins Stocken. Er begann Sätze, führte sie nicht zu Ende, verlor den Faden. Es schien, als hätte er mit dem Erzählen dessen, was er nie mehr erwähnen wollte, eine Lawine ausgelöst, die ihn jetzt zu ersticken drohte. Ernesto stand wortlos auf, in seinen Augen standen Tränen. Als er sah, dass ich es bemerkt hatte, schnäuzte er sich: »Ich weine nicht, weil ich getötet habe, ich weine um Susanna.« Seine Stimme klang erstmals zittrig. Er kramte in seiner Tasche nach der Zigarettenbox, blickte hinein, sagte »meine Letzte« und schlurfte den Gang entlang.

Ich versuchte, mich in ihn hinein zu fühlen. Was mochte in ihm vorgegangen sein, als er zum ersten Mal einen Menschen erschoss? War es ein Polizist, ein Soldat, ein Verräter, den er exekutieren musste? Ich erschrak darüber, dass ich ›exekutieren *musste*‹ gedacht hatte, damit hatte ich Ernestos Argumentation unreflektiert übernommen. Musste er wirklich? Hatte er Alternativen? Wurde damit tatsächlich anderes Leben geschützt? Hätte er die Verurteilten nicht heimlich fliehen lassen können wie seine Gefährten? Wie fühlt sich das an, einem Menschen das Leben zu nehmen? Und um wieviel traumatischer musste es sein, wenn man erkannte, dass der Tod auf einem Fehlurteil beruhte? Ich fand keine Antworten, das war viel zu weit entfernt von allem, was ich selbst erlebt hatte. Aber eines war gewiss: Ernesto schien wieder fühlen zu können, das Zittern in der Stimme, seine Tränen waren Beweis dafür. Ernesto kam zurück, schmiss die leere Zigarettenpackung auf den Tisch: »Egal, heute kann ich nach Hause, dort liegen noch ein paar Packungen. Ich hätte nicht mit dieser Geschichte beginnen sollen.« »Ernesto, du sagtest, du weinst um Susanna. Hast du sie nochmals gesehen? Du musst nicht weitererzählen, wenn es dir zu nahe geht.«

»Ja, ich habe Susanna im Frühling 1973 wiedergesehen, ich lebte bereits ein Jahr im Untergrund. Die Situation in Argentinien wurde immer gewalttätiger, und die FLA war mit rund fünftausend Mitstreitern ziemlich unübersichtlich geworden. Wir versuchten zwar mit geeigneten Massnahmen dafür zu sorgen, dass ein Verrat nicht die ganze Organisation auffliegen lassen würde, aber auch Polizei und Militär hatten dazu gelernt. Sie hatten begonnen, umfangreiche Datenbanken über die Aktivisten anzulegen – gewiss auch mit einem Eintrag über mich. Ich plante, mich ins Ausland abzusetzen, um von dort den Widerstand der FLA zu koordinieren. Natalie, die 1972 in die Schweiz zurückgekehrt und in Sorge um mich war, deponierte auf der Schweizer Botschaft in Buenos Aires auf meinen Namen ein ›open ticket‹ für einen Flug in die Schweiz, falls ich in Schwierigkeiten käme. Dieses Ticket wollte ich auf der Botschaft abholen. Kurz vor Mittag betrat ich das Botschaftsgebäude, musste aber im Flur vor der Botschaft warten, mit der Begründung, das Putzpersonal sei gerade am Arbeiten. Nach zehn Minuten wurde mir langweilig, ich ging zum Ende des Flurs, blickte bei der Feuertreppe in den Hof hinunter und sah, wie zwei Militär-Pick-ups vorfuhren. Eine Gruppe Soldaten marschierte durch den Haupteingang, eine betrat den Hintereingang und die dritte eilte zur Feuerleiter. Mir war klar, wem dieser Einsatz galt. Ähnliches geschah auch in Chile, wo Schweizer Studenten nach dem Militärputsch Schutz in der Botschaft suchten und an die Sicherheitskräfte ausgeliefert wurden. Ich lief aufs Dach des Gebäudes und rettete mich mit einem Sprung auf das Dach des Nachbarhauses. Der Gegner war mir offensichtlich schon hart auf den Fersen.

Nach diesem Vorfall hielt ich mich eine Woche in Misiones auf, um neue Aktionen zu koordinieren. Danach reiste ich nach Buenos Aires zurück, in ein Haus, das den Montoneros als Unterschlupf diente. Sie hatten mir die Adresse gegeben und mir erlaubt, dort zu übernachten, falls ich einmal ein sicheres Versteck in Buenos Aires bräuchte. In der Küche der ›casa clandestina‹ diskutierten ein paar Frauen und Männer miteinander, aber ich wollte einfach nur schlafen und legte mich in einem Zimmer auf eine Matratze. Ich hatte vielleicht vier, fünf Stunden geschlafen, als jemand sanft meine Schulter drückte und mich weckte. Im schummrigen Licht aus dem Flur erkannte ich eine weibliche Gestalt. Susanna. Ich war derart überrascht und fassungslos, dass ich zuerst an eine Halluzination glaubte. Es konnte nicht sein, dass sie hier in diesem Haus war, es passte nicht zu ihr. Ich hielt sie immer noch für konservativ, der Oberklasse zugehörig, fromm und behütet. Es passte einfach nicht. Sie erzählte mir, warum sie hier war und warum aus dem behüteten Mädchen aus Dolores eine Frau geworden war, die eine Maschinenpistole bei sich trug. Sie berichtete, dass ihr Lieblingsbruder untergetaucht oder an der Uni verhaftet worden sei und sie seit Monaten nach ihm suche. Ich selbst hatte aus einer anderen Quelle gehört, dass ihr jüngster Bruder zum linken Flügel der Juventud Perónista gehörte. Das war der Grund, warum ihn die Familie verstossen hatte. Der Vater schaltete ein Inserat, was er mache, sei seine eigene Sache, die Familie habe nichts mehr mit ihm zu tun. Später liess der einflussreiche Vater auf Druck der Mutter doch all seine Beziehungen spielen, um den Sohn zu finden, aber er blieb verschwunden. Unerfahren in der Brutalität des politischen Kampfes, ging Susanna ziemlich naiv an die Sache. Sie hängte Flugblätter mit seinem Foto an den Hochschulen auf, befragte Leute und reiste immer dorthin, wo sie Hinweise auf seinen Verbleib erhalten hatte. Sie liess sich sogar ihr Erbe auszahlen, um ihre Suche zu finanzieren. Ich weiss nicht, ob sie durch den Bruch der Familie mit ihrem Lieblingsbruder politisch radikalisiert wurde oder ob sie in die Guerillabewegung abtauchte, in der Hoffnung, ihn dort zu finden. Sie machte die Suche nach ihm zu ihrer Lebensaufgabe.

Hier in der casa clandestina erlebte ich sie ganz anders als damals in Dolores. Sie argumentierte plötzlich politisch präzise und überzeugend. Und doch hatte ich stets den Eindruck, dass sie nicht glaubte, was sie da vertrat. Sie arbeitete als Lehrerin und konnte deshalb unauffällig verschiedene Schulhäuser betreten, um Dokumente oder Pakete für Kämpfer entgegenzunehmen oder zu deponieren. Wie sie mir erzählte, pinselte sie Parolen an Wände oder transportierte Waffen, war aber selbst nicht an Kampfhandlungen beteiligt. Am Tag, an dem wir uns wieder trafen, hatte sie im nahen Schulhaus einen Auftrag erledigt. Ich vermute, dass sie die Waffe, die sie bei sich trug, für einen Kämpfer abgeholt hatte. Es war ein israelisches Modell, klein und sehr effektiv.

Zeit und Raum lösten sich auf. Wir wussten, dass es gefährlich war, sich länger als vierundzwanzig Stunden in dem Haus aufzuhalten. Das Risiko, dass dieser Unterschlupf aufflog oder ein ›Umgedrehter‹ im Haus zugegen war und die Anwesenden verraten würde, war gross. Susanna und ich ignorierten die Gefahr einfach. Diese sorglosen Tage und Nächte gaben uns ein kleines Stück normales Leben: für Stunden vergessen dürfen, was alles passiert war, sich als Mensch und nicht als Kämpfer fühlen … geborgen sein, begehrt, geliebt werden. Das hatten wir uns immer gewünscht, aber nicht getraut; eine normale Beziehung war uns damals in Dolores verwehrt worden. Auch später ergab sich für mich keine Gelegenheit – eine alltägliche Beziehung im Widerstand ist kaum möglich. Es gab Kämpferinnen und Kämpfer die miteinander Sex hatten, das waren aber meistens physische Momente, für Gefühle blieb kaum Platz. Ich selbst trennte Liebe und Sexualität ohnehin. Zu jenem Zeitpunkt war mir noch nicht klar, dass mein erlittener Missbrauch die Ursache war. Aber als sich Susanna zu mir ins Bett legte, löste sich diese Grenze auf, wir planten nichts, es geschah einfach. Es war das erste Mal, dass ich mit einer Frau schlief. Und diese Mischung aus Sex und Gefühlen … Ich kann das nicht erklären. Es war die totale Verschmelzung. Wir vergassen alles, wollten nicht an morgen denken und nichts anderes machen als uns lieben. Es war wie eine Feuerpause in unseren Leben.

Einer warnte uns, er sagte, ›Haut ab, hier ist es nicht mehr sicher, ihr seid schon viel zu lange hier‹. Es kümmerte uns nicht, es war uns völlig gleichgültig, ob wir leben oder sterben, nur der Moment hatte Bedeutung. Wir blieben die ganze Zeit in diesem Zimmer, redeten, liebten uns, schliefen kurz, redeten weiter und liebten uns wieder. Eine einzige Vorkehrung trafen wir für unsere Sicherheit: Susanna hatte die Maschinenpistole, die sie für einen Kämpfer transportieren sollte, ausgepackt, geladen und neben die Matratze gelegt. Und ich hatte meine Pistole unter mein Kopfkissen geschoben. Das waren die einzigen Zeichen, dass wir nicht ein Liebespaar des normalen Lebens waren.«

Ernesto hielt inne. In seiner leisen Stimme lag jetzt etwas Schwärmerisches, als würde sie schweben. Sein Aufblühen berührte mich, ein Stück seines erzählten Glücks sprang auf mich über. »Das hätte bestimmt auch Viviane gefallen«, sagte er und ergänzte, »nur lebt das Glück vom Moment, es kann kein Dauerzustand sein.« Er nahm einen Schluck des kalten Kaffees, zupfte an seinem Kinnbart und fuhr fort.

»Die Sache ist nämlich die: Geraldo, den ich für meinen Freund hielt, spielte auch dieses Mal eine perfide Rolle. Schon als Susanna und ich in Dolores zusammen waren, wollte er sie zur Freundin haben – vielleicht sollte ich besser sagen ›besitzen‹. Vermutlich dachte er einmal mehr, ihm stehe das zu, was ich hatte – und er bekam es auch: Als wir uns in dieser casa clandestina trafen, war Susanna bereits Geraldos Frau. Sie erwähnte es nicht, vielleicht weil sie mich schonen wollte. Erst später erzählten mir Leute aus Dolores, Geraldo habe sie damit geködert, dass er Informationen über ihren verschwundenen Bruder habe und dass er etwas für ihn tun könne. Den Preis, den sie zahlen musste, war, mit ihm ins Bett zu steigen und ihn zu heiraten. Sie war bereit, für das Wohlergehen ihres Bruders alles zu tun. Geraldo soll Susanna ermuntert, wenn nicht genötigt haben, im Untergrund nach ihrem Bruder zu suchen. Seine wahren Absichten bestanden wohl darin, Informationen über den Widerstand, vielleicht auch über meinen Aufenthalt zu beschaffen. Geraldos Familie lebte stets in Sorge, dass ich mich für den Tod meines Vaters und für die Aneignung seiner Besitztümer durch Geraldos Vater rächen könnte. Hätten sie mich liquidieren können, wären das quasi zwei Fliegen auf einen Schlag gewesen: Die Familie hätte keine Angst vor Vergeltung mehr haben müssen, und Geraldo wäre seinen ewigen Konkurrenten losgeworden. Geraldo war längst zu meinem ärgsten Feind geworden.

In der dritten gemeinsamen Nacht, kurz vor dem Morgengrauen, riss uns eine Explosion aus dem Schlaf. Die Haustüre war mit einer Handgranate aufgesprengt worden. Wenn du eine Explosion hörst, stehst du zuerst einmal unter Schock: Entweder es lähmt dich, oder du reagierst instinktiv. Von der Eingangstüre führte ein langer Gang in einen Patio. Ich denke, die Soldaten wussten genau, wie es im Haus aussieht. Sie stürmten herein, öffneten die Türen zu den Zimmern und schossen unverzüglich. Die Distanz vom Hauseingang zu unserem Raum betrug etwa zehn Meter. Ich lag auf der Matratze nahe der Wand, Susanna lag auf der Seite zur Türe hin, neben ihr auf dem Boden die Maschinenpistole. Sie griff sich die Waffe, entsicherte sie, legte sich auf mich, und als der erste Soldat die Zimmertüre aufstiess, schoss sie. Es ging alles so schnell, es blieb keine Zeit, miteinander zu reden.

Ich weiss nicht, ob sie auf mir lag, um mich zu schützen, oder um meine Pistole unter dem Kissen hervorzuholen. Fast gleichzeitig feuerten Susanna und der zweite ins Zimmer stürmende Soldat aus ihren Waffen. Susanna wurde in Brust und Hals getroffen, dennoch versuchte sie weiter zu schiessen, aber die Waffe hatte eine Ladehemmung. Sie versuchte, den klemmenden Schliessmechanismus zu öffnen. Ich erinnere mich, wie ich sie umarmte, wie ihr warmes Blut aus den Wunden floss. Ich versuchte das Blut zu stoppen und gleichzeitig nach meiner Pistole zu greifen… Ich spüre noch immer die Nähe ihres Körpers… Sekunden später traf mich der Schlag eines Gewehrkolbens an der Stirn, ich verlor das Bewusstsein.«

Ein leichtes Zittern ging durch Ernestos Körper, dann hatte er sich wieder gefangen.

»Ich glaube, Susanna wusste, was sie erwartet hätte, wenn die Soldaten sie lebend in die Finger bekommen hätten, und zog es vor zu sterben. Später erfuhr ich, dass der einzige, der nach dieser Aktion weder tot noch verhaftet worden war, ein Freund Geraldos war. Alles Zufall? Ich kann nichts beweisen, aber mit den Informationen, die ich heute habe, glaube ich, Geraldo hat uns damals verraten. Ich bezweifle, dass er Susannas Tod wollte, sicher aber trachtete er danach, mich auszuschalten. Susannas Leiche wurde nie gefunden. Ihre Familie liess ein Gemeinschaftsgrab öffnen, in dem sie ihre Leiche vermuteten. Man fand Kleidungsstücke, wie Susanna sie getragen hatte, aber diese Kleider waren damals Mode, viele Frauen trugen sie. Geraldo, dem ich später in meinem Leben wieder begegnete, sagte mir, Susannas Tod sei ihm egal, sie sei ihm ohnehin lästig geworden. Vielleicht wollte er mich einfach verletzen.

Als ich aus der Bewusstlosigkeit erwachte, wusste ich nicht, wo ich war. Ich war nackt, an Händen und Füssen mit Handschellen gefesselt, über den Kopf hatten sie mir einen Sack gestülpt und ...«

Ernesto stoppte seine Erzählung abrupt. »Willst du das wirklich hören? Ich kann verstehen, wenn du nichts über die Folterung und Entwürdigung eines Menschen hören willst.« Nein, eigentlich wollte ich nichts davon hören, das brutale Ende von Susannas und Ernestos Liebe hatte mir kräftig zugesetzt. Das Schicksal, diese unfassbare Macht, hätte sich von einer freundlicheren Seite zeigen müssen! Ich ahnte, was in Ernestos Geschichte folgen würde. Etwas in mir rebellierte, aber meine Verweigerung zuzuhören würde den Lauf der Dinge nicht ungeschehen machen. Ich war zu sehr in sein Leben eingetaucht, um mich jetzt abzuwenden. Ich brauchte eine Pause. »Gib mir fünf Minuten, Ernesto. Ich geh mal pinkeln.« Ernesto nickte. »Mach ich dann auch.« Beide standen wir auf, schoben unsere Infusionsständer vor uns her und verschwanden in unseren Zimmern.

Nach drei Uhr

»Wie erwähnt, ich hatte einen Jutesack über dem Kopf und konnte nichts sehen. Ich spürte, dass ich nicht alleine war, und fragte, wo ich bin. Kaum hatte ich das erste Wort gesprochen, wurde ich geschlagen. Wir mussten stundenlang mit geradem Rücken an einer Mauer stehen, die Arme noch immer in Handschellen gegen die Wand gestützt. Aus einem Wasserschlauch mit ziemlichem Hochdruck wurden wir immer wieder abgespritzt. Die Wand war gekachelt und nass, es war schwierig Halt zu finden, und das war wohl der Sinn der Sache. Knickte einer ein, schlugen sie mit der Peitsche, dem Gummiknüppel oder dem Gewehrkolben auf ihn ein. Sie beschimpften uns ununterbrochen und drohten: ›Jetzt, wo du da bist, vergiss, dass deine Mutter dich geboren hat. Du bist Scheisse, und niemand weiss, dass du hier bist. Wir können mit dir machen, was wir wollen, und werden dafür bezahlt‹. Immer wieder schockierten sie uns mit ihrer zynischen Aussage ›Wenn du hier raus kommst bist du tot oder tot‹.

Sie gaben uns neue Namen, ich wurde gefragt, ›Wie heisst du?‹. Weil ich nicht sehen konnte, dass ich gemeint war, antwortete ich nicht. Erneut hagelte es Schläge und der Typ schrie mich an, ›Ich meine dich! Ok, ab sofort bist du Luis Martinez‹. Der Name wurde immer wieder aufgerufen und ich musste mich melden. Im Laufe der folgenden Stunden und Tage wurde der Name zwei oder dreimal geändert. Meldete ich mich auf Luis Martinez, wurde ich erneut geschlagen und eine Stimme sagte, ›Blödsinn, du bist José Peralta‹. Natürlich kannten sie meinen richtigen Namen, aber das war ein Teil der Taktik, damit ich meine Identität verliere. Es diente auch der Vertuschung der Verhaftung: Wurde ich im Aufnahmeprotokoll auf dem Polizeiposten oder im Gefängnis mit dem Fantasienamen Luis Martinez eingetragen, konnten mich nach mir Suchende nicht finden. Wir verloren das Gefühl für die Zeit, wir wussten nicht, war es Tag oder Nacht. Nach Lust und Laune schalteten sie das Licht ein oder aus. Unter den Wärtern gab es drei Wesensarten: der Extreme, der ständig fluchte und schlug, der Normale, der gelegentlich zuschlug, aber nicht ständig herumschrie, und der Dritte, der dir den Rücken streichelte und dich ermunterte, ›Halte durch, du wirst das überleben‹. Auch das war natürlich eine Taktik, um Verständnis vorzugaukeln und uns mögliche Informationen zu entlocken. Die erste Phase verbrachte ich in diesem gekachelten Raum als Luis Martinez, nackt und gefesselt Stunden, vielleicht auch Tage. Ich wurde mit Wasser, Schlägen oder Exkrementen traktiert, fiel zu Boden, rappelte mich auf, stand wieder an der Wand. Sehr lange kannst du das nicht aushalten, vielleicht einen Tag oder anderthalb. Es kommt der Moment, da spürst du nichts mehr, du weisst nicht einmal mehr, ob du stehst oder am Boden liegst.

In einer zweiten Phase wurden wir alle in einen anderen Raum gebracht. Wir hatten keine Ahnung, wie viele wir waren. Wollten wir miteinander reden, gab es unverzüglich Prügel. Irgendwann hörten sie damit auf; ich erinnere mich, dass ein Gefangener der laut weinte, nicht mehr geschlagen wurde. In diesem Moment begannen wir miteinander zu kommunizieren. Einer sagte ›eins‹ und berührte den Hintern oder die Hand der Person, die vor ihm sass, der sagte ›zwei‹ und das wiederholte sich von Mann zu Mann bis zur Zahl 48. Ich glaube, Frauen waren keine dabei. Weil kein Wärter intervenierte, begannen wir, Informationen auszutauschen, stellten Fragen wie, ›Zu wem gehörst du?‹ oder ›Wo wurdest du erwischt?‹. Es war aber ein Trugschluss, dass wir uns unbeobachtet wähnten. Die Wachen standen schweigend daneben und notierten sich das Gehörte. Die Informationen nutzten sie bei den anschliessenden Verhören, indem sie uns mit Tatsachen konfrontierten, die wir selbst geäussert hatten. Es machte also keinen Sinn, solche Dinge zu leugnen.

Nach ein paar Tagen wurden wir in eine weitere Gemeinschaftszelle gebracht. Wir sassen auf dem Betonboden so eng beieinander, dass sich keiner hinlegen konnte. Wer schlafen wollte, lehnte sich an den nächsten. Zu essen gab es kaum etwas, zum Trinken stellten sie uns Wasser, manchmal auch Urin in die Zelle. Es hatte nicht einmal einen Eimer, in den wir pinkeln konnten. Manchmal kamen wir für ein, zwei Wochen weder zum Duschen noch zum Waschen aus der Zelle. Dieser ätzende Geruch aus Kot, Urin, Erbrochenem und Eiter – ich kriege den auch heute nicht aus meinem Kopf. Auch heute habe ich Flashbacks aus jener Zeit. Ich habe mir geschworen, wenn ich mir den Hintern nicht mehr putzen kann, ist es für mich vorbei. Die Wärter liessen auch die Verletzten und Toten in der Zelle, um uns zu zermürben. Wir schoben die Toten auf eine Seite, bis sie gelegentlich aus der Zelle geholt wurden.

Wir wurden immer weniger. Während den folgenden Wochen wiederholten sich die Abläufe. Zur Folter holten sie mich aus der Zelle, führten mich in einen Raum und schnallten mich auf einem Metallbett fest. Sie schoben mir einen Holzknebel in den Mund, damit ich mir nicht die Zähne oder die Zunge kaputt biss. Meistens waren drei bis fünf Personen anwesend. Sie verlangten nach Namen anderer Combatientes. Die einzelnen Folterungen dauerten nicht sehr lange, wurden aber ständig wiederholt. Einer stellte die Fragen, ein anderer schrie, dass ich ein Lügner sei, und gab den Befehl für stärkere Stromstösse. Die Geräte sahen aus wie alte Radios, mit zwei Rädern für Volt und Ampère sowie zwei Kabeln für den positiven und negativen Anschluss. Das eine Kabel wurde am metallenen Bettgestell angeschlossen, das andere am Körper, zum Beispiel an den Hoden, den Brustwarzen oder Zehen. Am schlimmsten war es an der Nase. Ich versuchte sie zu provozieren, um sie brutaler werden zu lassen. Ich hoffte, dann schneller sterben zu können. Ich lachte zwischen den einzelnen Stromstössen so nach dem Motto, ›Ihr könnt mir nichts anhaben‹. Sie durchschauten meine Absicht und versuchten es mit Water Boarding. Sie drohten, ›Wenn du nicht redest, werden wir dich ertränken, dann ist ausgelacht‹. Aber auch da kannte ich die Lösung für einen schnellen Tod aus meiner frühkindlichen Erfahrung, als ich beinahe ertrunken wäre: Ich versuchte bewusst Wasser einzuatmen. Als die Folterknechte das bemerkten, hörten sie auf.

Danach versuchten sie, mich mit Isolationshaft weichzuklopfen. Dabei ging es nicht mehr um physische Schmerzen, sondern darum, mich psychisch zu brechen. Sie versuchten, mich mit dem Wechsel von Wärme und Kälte, hell und dunkel, und mit Lärm zu zermürben. Ich weiss nicht, wie lange sie die Nationalhymne immer und immer wieder in voller Lautstärke abspielten. Die Musik war so heftig in meinem Hirn eingebrannt, dass ich nicht einmal mehr merkte, wann sie verstummt war. In Isolationshaft hatte ich meistens den Sack über dem Kopf, damit ich nicht wusste, ob noch jemand im Raum war. Ich begann, mein Zeitgefühl zu verlieren. Wenn einer sagte, ›Ich bin eine Minute weg‹, erschien mir das wie eine Ewigkeit, und kam einer nach einer Stunde zurück, schien mir, er sei doch eben rausgegangen. Sie fragten auch nach Susanna und Geraldo, doch auch wenn ich hätte reden wollen, ich hatte beide so lange nicht mehr gesehen, dass ich keine brauchbaren Informationen hätte verraten können. Selbst Susanna hatte mir in der casa clandestina nicht die ganze Wahrheit über sich und Geraldo erzählt. Wenn ich merkte, dass der Ermittler bereits etwas wusste, bestätigte ich den Sachverhalt, Informationen, die zur Verhaftung von Genossen aus der Gruppe hätten führen können, gab ich keine preis. Ausserdem hatte ja unsere Strategie der autonomen Zellen genau den Zweck, dass der Gefolterte keine Auskunft geben konnte. Mir war aber klar: Mit meiner Verhaftung war ich für die Gruppe untragbar geworden.

Teilweise versuchten sie, Spitzel in unserer Zelle zu platzieren. Wenn sie einen von uns holten und wir glaubten, er werde zum Verhör abgeführt, ging der zwischenzeitlich wohl nach Hause. Natürlich gab es auch Scheinhinrichtungen. Ein Häftling wurde an die Wand gestellt, aber beim Befehl zum Schiessen wurden Platzpatronen verwendet. Oder ihm wurde ein ungeladener Revolver an die Stirn gepresst und abgedrückt.

Manchmal fragte ich mich, wenn es einen Gott gibt, warum lässt er zu, was hier geschieht? Wenn du in einer überfüllten Zelle mit anderen bist, dich kaum bewegen kannst, um dich herum die Leute vor Schmerzen schreien und sterben – dann fragst du dich das. Sterbende riefen nach ihrer Mutter oder nach Gott. Als ich selbst nach einer Folter ziemlich verletzt war, hatte ich ein Bild vor meinen Augen – es war mehr als ein Bild, die Vision war greifbar, spürbar. Eine Frau stand vor mir, ich blickte ihr in die Augen, konnte ihren wohltuenden Körperduft riechen und spüren, wie sie meine Wunden berührte. Das hatte etwas Göttliches. Auch kleine Glücksmomente nahmen wir in der Haft dankbar auf: Wenn wir Zigarettenstummel von Wärtern und Offiziellen fanden, drehten wir uns mit Zeitungspapier neue Zigaretten. Wir fischten die Stummel auch aus den Toiletteneimern, Ekel hatten wir keinen mehr, Hauptsache wir hatten Tabak. Wir teilten uns die Zigaretten, das schaffte Gemeinschaft und ein Hauch von Alltäglichkeit, Normalität. Wenn wir an einem Tag nicht gefoltert oder erniedrigt wurden, jeder von uns in Ruhe gelassen wurde, war das ein Glückstag.«

Ernesto unterbrach seine Erzählung. Er deutete auf die zerknüllte Zigarettenpackung auf dem Tischchen: »Zigaretten sind der rote Faden in meinem Leben, ich glaube, es gab in meinem Leben keine Situation, in der mich die Glimmstängel nicht begleitet haben, sogar im Gefängnis. Das werde ich nicht mehr ändern, egal was mir der Arzt erzählt.«

»In meinem Leben muss mir eine äussere Kraft zur Seite gestanden haben. Je schwieriger die Situation war, um so deutlicher spürte ich diese Energie, die mich aufrichtete und weiter gehen liess. Manchmal suchte ich in meiner Zeit im Untergrund bewusst den Tod, doch statt mir traf es stets meine Freunde. Wenn sich alle andern zu Boden warfen, blieb ich oft stehen, die Kugeln flogen mir um die Ohren, aber keine traf mich. Das kann einfach kein Zufall sein, da muss eine Kraft sein, die ich nicht steuern kann. Einige Combatientes wollten nicht mit mir auf ein Kommando, weil sie glaubten, wenn es mich nie erwischt, dann umso eher sie selbst. Dieses Gefühl der Unantastbarkeit nahm mir alle Angst, ich traute mir immer mehr zu. Das war ein Kick, ein Rausch. Mit der Zeit glaubte ich, mir könne nichts passieren, ich sei für den Feind unsichtbar. Je mehr ich das glaubte, um so unvorsichtiger wurde ich. Der Tod hatte mich nicht stoppen können, aber der Verrat…

Elf Monate war ich in Haft. In dieser Zeit wurden wir oft auf Lastwagen geladen und in eine andere Zelle verlegt. Natürlich hatten wir dabei stets die Jutesäcke über dem Kopf, damit wir nicht sehen konnten, wohin sie uns brachten. Einer dieser Transporte wurde zu meiner Rettung. Mir fiel auf, dass wir diesmal nicht gezählt wurden, was sonst stets der Fall war. Auf den Ladeflächen der Lastwagen hatte es Platz für etwa dreissig Personen, fünfzehn auf jeder Seite. Als Rückenlehne diente je eine Holzlatte auf Höhe des Steissbeins, in der Mitte des Rückens und auf Nackenhöhe. Auf der Seite, auf der ich sass, fehlte diesmal die Mittelstrebe. Der Abstand zwischen den verbliebenen Latten schien mir gross genug, um mich hindurchzwängen. Auch wenn ich nichts sehen konnte, an der Kälte und dem Zirpen der Grillen konnte ich erkennen, dass die Ladepritsche kein Verdeck hatte und es Nacht sein musste. Der Camion hielt immer wieder an, wir mussten aussteigen, es wurde geschossen und wir wurden wieder auf die Ladepritsche getrieben. Ich hatte kein klares Bild, was da vor sich ging, auffällig war aber, dass uns zwar der Sack über den Kopf gestülpt worden war, wir aber auf dieser Fahrt nicht mit Handschellen gefesselt waren. An den Geräuschen konnte ich ausmachen, dass uns wohl nur zwei statt der üblichen vier Wachen begleiteten.

Die Strasse war voller Schlaglöcher, der Laster musste langsam fahren, alle waren damit beschäftigt, sich festzuhalten. Diesen Moment nutzte ich, zwängte mich durch den Zwischenraum in der Rücklehne und liess mich auf die Strasse fallen und riss mir den Sack vom Kopf. Zum Glück hatte ich mich beim Sturz nicht verletzt. Ich duckte mich ins Gebüsch, blieb regungslos liegen und lauschte auf Geräusche oder aufblitzende Lichter. Ich hatte mit allem gerechnet, aber nicht damit, dass sie einfach weiterfuhren. Erst bei Tageslicht wurde mir klar, dass ich mich auf einer Strasse im Distrikt Tigre befand, die zum Delta des Rio de la Plata führte. Es war bekannt, dass dort Gefangene tot oder lebendig ins Wasser geworfen wurden, weil die starke Strömung sie ins offene Meer trieb. Ich fürchte, die anderen Gefangenen auf dem Camion wurden später erschossen. Das könnte der Grund gewesen sein, warum die Wachen nicht nach mir suchten. Normalerweise wären sie zur Verantwortung gezogen worden, wenn in der Lieferung plötzlich einer fehlt. Vermutlich meldeten sie mich nach den Erschiessungen auch als exekutiert. In der Morgendämmerung rannte ich landeinwärts, einfach nur weg von der Strasse. Weil ich nur mit einer Unterhose bekleidet war, achtete ich darauf, von niemandem gesehen zu werden, bis ich auf einem Bauernhof eine Hose und ein Hemd von einer

Wäscheleine klauen konnte. Die Klamotten waren mir alle viel zu gross, aber es war ein wunderbares Gefühl, wieder einmal Stoff auf der Haut zu spüren.

Während des Tages versteckte ich mich auf einem Baum. Ich beobachtete, ob doch noch nach mir gesucht wurde. Erschwert wurde mein Ausschauhalten durch die Tatsache, dass ich seit meiner Verhaftung keine Brille mehr hatte. Nach ein paar Stunden stieg ich von meinem Versteck herunter und versuchte mich zu orientieren. Ich las die Nummernschilder der Autos, die Strassenschilder auf den Nebenstrassen oder die Tafeln am Eingang von Farmen: Estancia Loparda oder Estancia entre Rios. Dabei half mir auch, was auf den Feldern angepflanzt war. Hätte es viel Weizen, wäre ich südlich von Buenos Aires gewesen, um mich herum sah ich aber vor allem Maisfelder. Ich musste mich in der Provinz Entre Rios, nördlich von Buenos Aires befinden, zwischen dem Rio Paranà und dem Rio Uruguay.

Auf der Flucht war mein erster Gedanke, ›Ich muss versuchen, wieder normal zu werden‹. Ich hatte keine Ahnung, wohin ich mich wenden sollte oder was zu tun war. Ich konzentrierte mich darauf, mich selbst zu beobachten, zu überprüfen, ob ich Schäden von der Internierung davongetragen hatte. Wenn ich ein Stück Brot klaute, fragte ich mich reflexartig, ›Ist es vergiftet?‹. Ich hatte eine Paranoia entwickelt, fühlte mich verfolgt, selbst wenn keine Menschenseele in der Nähe war. Noch immer war es für mich unfassbar, in Freiheit zu sein. Bei jedem Gehöft, dem ich mich näherte, beobachtete ich eingehend Haus und Hof. War ich sicher, dass niemand zugegen war, klaute ich Essen, Kleider, gelegentlich auch Geld, alles, was mir half zu überleben und weiterzukommen. Unbewusst steuerte ich eines jener geheimen Depots auf der Strecke zwischen Buenos

Aires und Missiones an, die wir angelegt hatten. Für uns vier Schweizer im Gründungszirkel war klar, dass wir, falls notwendig, via Uruguay oder Brasilien fliehen würden, weil es einer der sichersten Fluchtwege war, um anschliessend in die Schweiz zu gelangen. In den Verstecken lagen Dokumente und Informationen, wem man in den umliegenden Dörfern trauen konnte. Das gab uns etwas Sicherheit, wenn wir uns zwischen den verschiedenen Orten in Argentinien bewegten. Natürlich riskierten wir, dass eines der Depots entdeckt oder verraten wurde, doch das nahmen wir in Kauf. Neben falschen Ausweisen, um in Argentinien unterzutauchen, hatte ich auch Papiere, die mich als Auslandschweizer auswiesen, dort deponiert. Mit diesen Dokumenten konnte ich auf der Schweizer Botschaft in Montevideo einen Schweizer Pass beantragen. Nach meinem Erlebnis in der Botschaft in Buenos Aires war klar, dass ich auf jene Schweizer Vertretung nicht zählen konnte.

Der Weg durch die Felder war mühsam und zeitintensiv. Bis an die Grenze zu Uruguay war ich etwa einen Monat unterwegs, stets entlang der Hauptstrasse, aber in gebührendem Abstand. Es klingt paradox, aber der Grenzübertritt war der einfachste Teil meiner Flucht. Die Grenze zwischen den beiden Ländern liegt in der Mitte des Rio Uruguay. Der argentinische Zoll, ein kleiner schäbiger Kontrollposten, war einen guten Kilometer vor der Brücke positioniert, schon zweihundert Meter links oder rechts davon konnte man unbehelligt durch die Felder und über die Brücke marschieren. Grüne Grenze nennt man das heute.

Fremde fallen aber auch in Uruguay auf, besonders, wenn sie in einem verwahrlosten Zustand daherkommen. Eine Verhaftung und Überstellung nach Argentinien wären noch immer möglich gewesen. Mittlerweile hatte ich mir jedoch bessere Kleider besorgt und sah ziemlich durchschnittlich aus. Das ermöglichte mir, Autostopp zu machen, was zu jener Zeit gang und gäbe war. Auf dem Weg nach Montevideo lagen drei Touristenzentren, in denen ich, wie andere auch, auf der Strasse um Geld bettelte. Nach vier Tagen erreichte ich Montevideo und wandte mich an die Schweizer Botschaft. Die Wächter am Eingang musterten mich und fanden, ich solle verschwinden. Ich erklärte ihnen, dass meine Eltern Schweizer seien, sie meinten, das könne jeder behaupten. Ich sass einen ganzen Tag vor der Botschaft. Sie verjagten mich ständig, und ich kehrte immer wieder zurück. Am zweiten Tag hatte jemand Mitleid und lies mich ins Gebäude. Zum Glück kannte ich Natalies Adresse in der Schweiz und bat darum, sie anzurufen. Nach langem Warten konnte ich endlich selbst mit meiner Stiefmutter reden. Sie veranlasste, dass das Flugticket von Buenos Aires nach Montevideo geschickt wurde. Natalie organisierte auch meine Geburtsurkunde und Fotos von mir, um meine Identität zu bestätigen.

Bis alles geregelt war, verbrachte ich die Zeit teilweise vor der Botschaft, teilweise unter einer Brücke, achtete aber darauf, dass ich mich nicht schmutzig machte. Denn verwahrlost wäre ich der Polizei aufgefallen, und das war mir zu riskant. Ich rechnete mit mindestens einem Monat, bis die Formalitäten geregelt waren, und organisierte mir deshalb in einem Restaurant in Montevideo einen Job als Tellerwäscher. Doch das Ticket und der Not-Pass lagen bereits vier Tage später auf der Botschaft bereit. Am Tag vor meinem zwanzigsten Geburtstag wurde ich informiert, dass ich zur Botschaft kommen solle, die Unterlagen seien aus der Schweiz eingetroffen. Am nächsten Tag stand ich schon um sieben Uhr in der Früh vor dem Eingang, auch wenn die Botschaft erst um neun Uhr öffnete. Ich wollte sicher gehen, dass ich einer der ersten war, der bedient wurde. Der Pass war bereits vorbereitet, sie mussten nur noch ein aktuelles Foto von mir machen und in das Dokument einfügen. Nach zwei Stunden lag alles bereit.

Bis zu diesem Moment hatte ich alles, was ich in den letzten Monaten erlebt hatte, ausgeblendet. Ich fokussierte nur darauf, mich in der Schweiz in Sicherheit zu bringen. Auf der Flucht hatte ich Flashbacks, war mir nicht sicher, ob ich das alles wirklich erlebt hatte. Wenn ich in diesem Moment versucht hätte, den Tod Susannas, die Verhaftung, die Folter und Erniedrigung im Gefängnis bewusst werden zu lassen – ich glaube, ich hätte mir eine Waffe besorgt und mich umgebracht. Ich plante, zwei, drei Monate in der Schweiz zu bleiben und dann nach Argentinien zurückzukehren. Es war zwar eine Flucht, aber nicht im Sinne von ›Ich breche jetzt alles hinter mir ab‹. Was unmittelbar vor mir lag, empfand ich als Abenteuer, gewiss, mit Bedenken, wie ich mich in der Schweiz zurechtfinden würde. Es blieb auch keine Zeit mit Freunden in Argentinien Kontakt aufzunehmen, ich wurde unverzüglich vom Fahrer der Botschaft zum Flughafen gebracht.

Der Betrieb am Flughafen war sehr informell, es gab keine Sicherheitskontrollen, ich stand nahe an der Landebahn und bestaunte die riesige Swissair-Maschine. Zuvor war ich nur in kleinen Propellerflugzeugen geflogen, aber nie in einem Düsenjet. Ich löcherte das Bodenpersonal bis zum Abflug mit Fragen zu dem Flugzeugtyp, um mein technisches Interesse befriedigen zu können. An Bord erklärte mir der Pilot, dass offiziell keine Passagiere in Montevideo an Bord gehen dürfen, da die Maschine lediglich zum Auftanken hier lande. Die Swissair landete von Europa kommend zuerst am Zielort Buenos Aires, liess alle Passagiere aussteigen, flog dann die wenigen Minuten nach Montevideo, weil das Betanken des Flugzeugs dort billiger war, und kehrte nach Buenos Aires zurück. Dieses Vorgehen war nicht ganz legal, aber fast alle Fluggesellschaften praktizierten das. Ich fasste für den Kapitän kurz meine Geschichte zusammen, und er meinte, das werde in Buenos Aires keine Probleme geben. Ich solle mich während des Landaufenthalts in Argentinien in einer Toilette einschliessen. Er werde das Putzpersonal informieren, dass das WC defekt sei, er wolle es geschlossen halten und erst in der Schweiz auf die Ursache untersuchen lassen. Dieser Trick war notwendig, weil beim Putzpersonal in Buenos Aires meistens auch Leute vom Geheimdienst dabei waren. Zwar zählt ein Flugzeug zum Hoheitsgebiet der entsprechenden Nation, die Swissair also war Schweizer Territorium, man hätte mich dort nicht verhaften dürfen, aber es hätte bestimmt diplomatische Schwierigkeiten gegeben. Dennoch, die Vorstellung in Montevideo in ein Flugzeug einzusteigen, das in Buenos Aires landet, war mir unangenehm.

Genau an meinem zwanzigsten Geburtstag hob die Maschine in Richtung Schweiz ab. Ab Montevideo durfte ich im Cockpit auf dem Platz des Bordingenieurs sitzen. Vor der Landung in Buenos Aires schloss ich mich in der Toilette ein und wurde sehr nervös, als jemand an die Türe klopfte und versuchte, diese zu öffnen. Nur ein lächerlicher Verschluss trennte mich von einer möglichen Entdeckung. Was wäre, wenn mich der Geheimdienst doch finden würde, was würde mit dem Kapitän und der Mannschaft geschehen? Sie trugen die Verantwortung für diese Aktion. Ruhiger wurde ich erst, als ich das vielfältige Stimmengemurmel und die Schritte der einsteigenden Passagiere hörte. Ich verstand durch die Toilettentüre nur immer ›Buenos Dias‹, ›Buenos Dias‹, dieses merkwürdige ›Grüezi‹ sagte mir nichts, ich sprach kein Deutsch, geschweige denn verstand ich Schweizer Dialekt. Und dann hörte ich die Stimme des Kapitäns aus dem Lautsprecher: ›Ready for takeoff‹. Eine Stewardess, wie das damals hiess, klopfte und wies mir einen Platz im Raucherabteil zu. Ich hatte die ganze erste Sitzreihe für mich alleine. Da ich keine Zigaretten bei mir hatte, fragte ich die Stewardess, was ein Päckchen koste, ich hätte nur zehn Dollar. Sie lachte und schenkte mir ein Päckchen argentinische Zigaretten. Sie meinte, die seien so schlecht, dass sie sie sowieso nicht verkaufen könne. Immer wieder kamen Leute von den Nichtraucherreihen zu mir nach hinten, setzten sich neben mich und begannen mit mir zu reden. Jedes Mal klingelten bei mir die Alarmglocken; ich war noch immer vor jedem Fremden auf der Hut. Ausser diesen zehn Dollar, die mir eine Botschaftsangestellte zugesteckt hatte, reiste ich ganz ohne Gepäck. Wir mussten in Sao Paulo, Rio de Janeiro, Dakar und Genf zwischenlanden, die reine Flugzeit betrug über achtzehn Stunden. Mit meinen zehn Dollar kaufte ich in Rio am Flughafen Kaffee als Gastgeschenk für Natalie. Ich staunte über das komfortable Essen an Bord, und dass ich soviel trinken konnte wie ich wollte. Das Rauchen an Bord half mir abzuschalten. Von der langen Flucht erschöpft schlief ich …«

Über dem Krankenzimmer gegenüber des Stationsbüros leuchtete das rote Licht auf. Viviane überquerte den Gang und verschwand im Zimmer. Sie war keine dreissig Sekunden im Raum, da begann das Licht zu blinken, Viviane hastete aus dem Zimmer zurück ins Büro und wieder ins Krankenzimmer. Sekunden später eilten ein Pfleger und eine Pflegerin herbei, gefolgt von einer Ärztin. Das Stethoskop vor ihrer Brust baumelte hin und her. Viviane und der Pfleger traten erneut auf den Gang, hasteten zu einem kleinen Raum, den ich bis anhin noch nicht beachtet hatte, rollten ein Gerät heraus, vermutlich ein Beatmungsgerät, und schoben es eilig an uns vorbei ins Krankenzimmer. Ernesto und ich verfolgten schweigend, wie sich der zuvor dahindämmernde Krankenhausflur mit Hektik füllte. In den nächsten Minuten wies nur noch das blinkende Rotlicht über dem Zimmer darauf hin, dass etwas nicht stimmte. Dann wurde die Türe des Krankenzimmers bis zum Anschlag geöffnet, der Pfleger trat rückwärts auf den Flur, zog das Bettende hinter sich her, und am Kopfende schob die Pflegerin. Die Ärztin beugte sich über den Kranken. Viviane folgte mit dem Beatmungsgerät. Gemeinsam entfernte sich die Gruppe und verschwand in einem Seitengang. Mir fiel auf, dass ich automatisch an einen Kranken, einen Mann, dachte, auch wenn ich die Person im Bett nicht erkennen konnte. Ernesto kommentierte: »Das tut mir leid für den armen Kerl. Mitten in der Nacht ums Leben kämpfen müssen. Bin froh, dass ich das nicht bin. Ich fürchte mich nicht vor dem Tod, aber ich wünsche mir, dass mein Sterben schnell und friedvoll wird.« Da hatten Ernesto und ich etwas gemeinsam. Diese Hoffnung teilten wir wohl mit allen Menschen.

Viviane kam zurück, sah uns in unseren Sesseln hocken und schüttelte den Kopf. Sie wischte sich eine Haarsträhne, die sich aus ihrem Zopf gelöst hatte, aus dem Gesicht: »Der arme Kerl, ich hoffe, dass er durchkommt«. Damit war auch geklärt, dass es sich um einen *Patienten* handelte. Sie bückte sich, wog die leere Thermoskanne und sagte: »Ich bring euch noch was. Tee oder Kaffee?« Wir einigten uns auf Kaffee. Nachdem sie uns die Thermoskanne aufs Tischchen gestellt hatte, deutete sie zum Stationsbüro: »So, und jetzt noch das Administrative zum Vorfall. Das Schreiben dauert manchmal länger als die Handlung.« Sie sprach mir als Schriftsteller zutiefst aus dem Herzen. Ernesto hob seinen Arm, als wolle er ihr noch etwas sagen, aber sie hatte uns bereits den Rücken zugekehrt. »Vielleicht später«, murmelte er. »Wo war ich stehen geblieben? Richtig, auf dem Flug in die Schweiz. Aber zuvor will ich dir noch etwas erzählen, das mich gerade in diesen Tagen wieder sehr beschäftigt.«

»Über den Verbleib der übrigen Gründungsmitglieder weiss ich nichts Genaues. Einer wurde mit Sicherheit bei einem Gefecht getötet, die anderen drei wurden verhaftet und blieben verschwunden. Diese Informationen erhielt ich erst Monate nach meiner Einreise in die Schweiz aus zweiter oder dritter Hand. Ich konnte sie nie überprüfen. Wie ich schon sagte, zum Zeitpunkt meiner Verhaftung war die FLA nicht mehr vollständig kontrollierbar, das lag auch an den Strukturen, die wir gewählt hatten. Bereits am Tag, als ich in Buenos Aires das Flugticket auf der Botschaft abholen wollte, spürte ich, dass mich das Leben im Untergrund an mein Limit brachte: Ich brauchte zu viel Energie, um nicht enttarnt zu werden; zu wenig blieb, um den Menschen so zu helfen, wie ich das immer geplant hatte.

Auf der Flucht traf ich in Misiones auf einem einsamen Gehöft eine alte Frau und bat sie um Wasser. Sie lebte abgesondert von der Dorfgemeinschaft und galt den einen als Hexe, den andern als Heilerin. Wenn jemand einen Kräutermix gegen eine Krankheit brauchte, suchte er sie auf. Sie gab mir zu essen und liess mich bei sich übernachten. Sie wollte wissen, warum ich auf der Flucht sei und ich erzählte ihr, was passiert war. Sie fragte: ›Warum kämpfst du?‹. Ich antwortete, ›Ich kämpfe dafür, dass es uns allen besser geht.‹. Sie sagte, ›Ich habe dich nicht gebeten, das für mich zu tun.‹. Das gab mir zu denken. Am nächsten Tag, in der Mittagshitze machte sie ein Feuer, gross wie an einer 1. August-Feier. Ich fragte nach dem Grund, sie umschloss ihren Körper mit den Armen und antwortete, ›Wo du bist, ist es so kalt, dass ich friere.‹. Ich erklärte ihr, dass man hart werden müsse, um im Kampf bestehen zu können, und sie sagte, ›Niemand hat von dir verlangt, dass du so bist.‹. Diese Worte geben mir bis heute zu denken. Irgendwie hatte sie recht: Wenn man all die Revolutionsführer Revue passieren lässt, so wurden die meisten von ihnen so wie die, die sie bekämpft hatten. Ihre Worte, ›Ich kämpfe für das Volk‹, sind oft blanker Hohn und Betrug.

Ich komme ins Philosophieren … Zurück zu meiner Geschichte. In Zürich landeten wir in einer für mich fremden Welt. Bei der Einreisekontrolle zeigte ich meinen Pass und hatte keine Probleme. Die fingen erst danach an: Ich sah vor mir nur eine endlose Glaswand mit beobachtenden und winkenden Menschen dahinter, konnte aber nicht erkennen, wie ich da durchkommen sollte. Ich stellte erstaunt fest, dass die Passagiere am entferntesten Ende der Halle wie durch Scheiben gingen, ich wusste nicht was automatische Türen sind. Einige Wartende gaben mir Zeichen, dass ich in eine bestimmte Richtung gehen solle, das war die Zollkontrolle. Die Leute waren eingemummt; sie trugen Pullover, Mäntel, Schals – und das im Oktober, in dem in Buenos Aires oder Montevideo alle in Hemden oder T-Shirts herumliefen. Nach der Zollkontrolle entdeckte ich unter den Wartenden Natalie, die ich zu jener Zeit noch immer für meine Mutter hielt und von der ich mich 1972, als sie in die Schweiz flog, nicht verabschieden konnte. Ich war zu jener Zeit in Misiones und für sie nicht erreichbar. Erst später erhielt ich ihren Brief, in dem sie mir mitteilte, dass sie für zwei, drei Monate in die Schweiz gehe, um ihre Schwester zu pflegen. Ihre Schwester war frisch geschieden und hatte Brustkrebs. Sie hatte Natalie das Flugticket geschickt, damit sie in die Schweiz kommen konnte. Natalie hätte sich das nicht selbst leisten können. Sie pflegte meine Tante und arbeitete in einem Treuhandbüro. Ich frage mich, warum sie als Buchhalterin mit eidgenössischem Ausweis, in Argentinien entsprechende Jobangebote von Nestlé und anderen ausländischen Firmen stets abgelehnt und stattdessen als Putzfrau, Köchin, Mädchen für alles gearbeitet hatte. Kaum war sie in der Schweiz, arbeitete sie in einer Firma als Chefbuchhalterin und beschloss, für immer hier zu bleiben.

Neben ihr in der Empfangshalle des Flughafens standen ihre Schwester und meine beiden Cousinen, die ich aber alle noch nie gesehen hatte. Natalie konnte ihre Freude schlecht zeigen, sie begrüsste mich etwa so, wie wenn ich sie in Buenos Aires besucht hatte. Ihre Schwester dagegen begrüsste mich herzlich und die Cousinen waren neugierig. Sie wussten nicht genau, was ich in Argentinien erlebt hatte. Natalie hatte ihnen zwar erzählt, dass ich in der Politik sei, aber nicht, dass ich im Untergrund und im Gefängnis gefoltert worden war. Meine Stiefmutter hatte stets vermutet, dass ich politisch aktiv war, aber erst in der Schweiz erhielt sie den Beweis dafür. Bei einer Verhaftung 1972 wurde von den Gefangenen ein Foto gemacht und in der Zeitung publiziert mit dem Vermerk, das seien Terroristen. Jene Verhaftung hatte nach dem Kongress in Misiones stattgefunden, aber wir wurden danach alle wieder freigelassen. Geraldos Mutter sah dieses Bild und schickte den Zeitungsausschnitt meiner Stiefmutter, die bereits in der Schweiz war. Diese bestätigte Geraldos Mutter, dass ich einer der Verhafteten auf dem Bild war. Sie war sich wohl der Konsequenzen ihrer Aussage nicht bewusst. Damals glaubten wir noch, dass in Argentinien tatsächlich eine politische Öffnung stattfand. Wir wurden eines Besseren belehrt.

Mit dem Flughafenbus fuhren wir zum Zürcher Hauptbahnhof. Natalies Schwester fragte mich, ob ich Hunger hätte. In der Auslage eines Restaurants sah ich grau-braune Spaghetti und sagte, ›Die möchte ich essen‹. Aber die Spaghetti schmeckten ganz anders als in Argentinien, vor allem sehr süss. Es waren Vermicelles. Mit der Bahn fuhren wir nach Grenchen, wo Natalies Schwester in einer Dreizimmer-Wohnung lebte. Die beiden Schwestern schliefen in einem Zimmer, ich erhielt das andere zugewiesen, die Cousinen lebten zu dieser Zeit in Zürich, schliefen aber eine Nacht in der Stube der Wohnung, weil sie alles über mich erfahren wollten.

Am Tag nach meiner Ankunft nahmen mich Natalie und ihre Schwester mit zum Gemeindehaus, um mir eine Identitätskarte ausstellen zu lassen. Zuerst wollten der Beamte mir nur ein Touristenvisum geben, aber die beiden Frauen insistierten. Darauf wurde uns zugesichert, dass ich diese in etwa vier Tagen zugeschickt bekäme. Kaum standen wir wieder vor dem Gemeindehaus, stellten sich uns zwei Männer in den Weg und zückten ihre Ausweise. Sie wandten sich auf Spanisch an mich: Ich müsse nicht glauben, dass ich in der Schweiz das gleiche machen könne wie in Argentinien, andernfalls hätte ich auch hier die Konsequenzen zu tragen. Offensichtlich waren gewisse Informationen aus der Botschaft in Buenos Aires oder Montevideo in die Schweiz geflossen. Dass sie vom Nachrichtendienst waren, erklärte mir Natalie später, die zwei hatten sich auf Deutsch vorgestellt und ich hatte das nicht verstanden. Kurz nach der ID erhielt ich per Post das Aufgebot für den Militärdienst. An der Aushebung erklärte ich, dass es mir aus ethischen

Gründen nicht möglich sei, eine Waffe zu tragen. Kurz darauf wurde ich in Abwesenheit als dienstuntauglich eingestuft. Es war aber offensichtlich, dass sie weniger meiner Argumentation folgten, als ihrer Furcht, einen ›Subversiven‹ in die Rekrutenschule aufzunehmen. Trotz diesen kleinen Intermezzos: Es war ein gutes Ankommen in der Schweiz, gleichzeitig entglitt mir aber Argentinien, weil ich kaum Informationen zur dortigen Situation bekam, vielleicht jede zweite Woche einen kleinen Bericht in der Zeitung, mehr nicht. Ich war hungrig nach Nachrichten aus meinem Land, dafür musste ich aber möglichst schnell die deutsche Sprache beherrschen. Ich schaute viel TV, allerdings lief das Programm damals erst ab sechs Uhr abends und vor Mitternacht war Sendeschluss. Ich hörte ständig Radio, so gelang es mir schon nach ein paar Monaten ziemlich gut Deutsch zu verstehen. Nach etwa einem Jahr konnte ich fast alle Zeitungsberichte lesen und verstehen.

Bereits nach einem Monat begann ich in einer Uhrenfabrik zu arbeiten. 1973 war die Situation für Arbeitnehmende komfortabel, man fand leicht eine Stelle. Dass ich kaum Deutsch konnte, war egal, man durfte während der Arbeit sowieso nicht miteinander sprechen. Zuerst setzte ich Zifferblätter und Nadeln auf die Uhrwerke, später wurde ich in der Qualitätskontrolle eingesetzt. Ich musste Teilchen kontrollieren und jene aussortieren, die mangelhaft waren. Etwa zehn Prozent der Teile wiesen Fehler auf, teilweise unbedeutende, aber auch die liess ich nicht durchgehen. Das war dem Vorgesetzten zu viel Ausschuss, und so setzten sie mich an einer anderen Kontrollstelle ein. Ich sollte überprüfen, ob die Uhr wasserdicht ist. Dazu wurde sie in einen Behälter getaucht und ein Unterdruck erzeugt. Drückte dabei eine Luftblase aus dem Gehäuse, musste ich die

Uhr zurückschicken. Vier Monate arbeitete ich in der Uhrenfabrik zu einem sagenhaften Lohn von dreitausend Franken. Die Unternehmen brauchten dringend Arbeitskräfte und bezahlten deshalb grossartige Löhne selbst für Leute wie mich, die keine Ausbildung hatten.

Die Arbeitenden wurden kontrolliert, wie das heute kaum mehr möglich wäre. Selbst in den Toiletten, dort, wo man sich die Hände wusch, waren Überwachungskameras installiert. Wollte man während der Arbeit zur Toilette, musste man ausstempeln und diese Zeit am Abend nachholen. Zum ersten Mal in meinem Leben arbeitete ich an einem Fliessband. Aber es waren keine Fliessbänder, wie wir sie aus der Autoindustrie kennen. Hier brachte ein Arbeiter die Behälter mit den Uhrwerken zu einem Arbeitsplatz, an dem der Uhr weitere Elemente zugefügt wurden. Danach trug er die ergänzten Uhren zur Weiterverarbeitung zum nächsten Werkplatz. Zwei Männer versorgten jeweils zwanzig Arbeitsplätze mit den zu verarbeitenden Uhrwerken. Die Leute schluckten massenweise Saridon und andere Schmerzmittel, fast alle trugen bei der Arbeit Kopfhörer und hörten Radio.

Südamerika schien für viele in der Schweiz auf einem unbekannten Planeten zu liegen. Ich habe dir von dieser alten Frau erzählt, die mir auf der Flucht zu essen gab und wissen wollte, warum ich kämpfe. Sie fragte mich auch, wo meine Mutter lebe. Als ich ihr erzählte, dass sie in der Schweiz wohne, fragte sie, ›Wie viele Stunden muss ich mit der Bahn fahren, um in die Schweiz zu kommen?‹. ›Man muss fliegen‹, antwortete ich, aber das glaubte sie mir nicht. Nun wollte mein Chef in der Uhrenfabrik von mir wissen, woher ich komme und wie viele Stunden man mit der Bahn nach Argentinien brauche. Dass ein Schweizer mit guter Schulbildung mir diese Frage stellte, erstaunte mich. Geblieben ist mir diese Erinnerung vor allem, weil mich mein Chef am nächsten Tag während der Mittagspause mit einem Atlas unterm Arm aufsuchte und mehr zu den einzelnen Ländern Südamerikas erfahren wollte. Ich erwähnte auch die politische Situation, die Militärdiktaturen und die Rolle der USA. Er entgegnete, im Radio würde berichtet, es sei alles nicht so schlimm, wie die chilenischen Flüchtlinge hier erzählten. Ich konnte ihn nicht vom Gegenteil überzeugen.

Nach vier Monaten kündete ich und fing als Freiwilliger in der Genossenschaft ›Kreuz‹ in Solothurn an. Die Genossenschaft führte ein Restaurant und einen Theaterbetrieb. Gleichzeitig war dieser Ort Treffpunkt der POCH (Progressive Organisationen der Schweiz). Ich wohnte noch immer bei Natalie und ihrer Schwester, aber nach einem Monat hatte ich mir dank des guten Lohns ein Mofa kaufen können und pendelte mit diesem zwischen Grenchen und Solothurn. Die Poch interessierte mich, weil sie sich nach dem Militärputsch von Augusto Pinochet sehr für chilenische Flüchtlinge einsetzte. Häufig waren die Chilenen, die ich im ›Kreuz‹ traf, politisch Verfolgte, die in Chile erdauert hatten, was ich in Argentinien erlebt hatte. Über sie hoffte ich, zuverlässige Informationen über die Situation in Argentinien zu bekommen. Einen Teil des Abends verbrachte ich mit den Chilenen, den anderen mit den Leuten der Poch und der Genossenschaft, weil ich unbedingt Deutsch lernen wollte. Bald war mein Deutsch so gut, dass sie mich dort als Arbeitskraft haben wollten. Der selbstverwaltete Betrieb, der durch zwei Mitglieder der Poch gegründet worden war, gab mir die Möglichkeit, im ›Kreuz‹ zu wohnen, und so zog ich bei Natalies Schwester aus. Die Genossenschaft zahlte mir tausend Franken plus Kost und Logis, dafür arbeitete ich hinter der Theke und in der Küche.

Die Informationen der chilenischen Flüchtlinge zur Situation in Chile oder Argentinien waren dürftig, meistens aus zweiter oder dritter Hand. Deshalb versuchten wir in der Schweiz Gestrandeten direkt via Telegramm mit Leuten in Südamerika Kontakt aufzunehmen. Auslandtelefonate waren zu teuer, bis wir lernten, die Apparate in den Telefonzellen zu knacken. Das war ein technischer Trick, bei dem man einen gleichmässigen Rhythmus herstellen musste, um den Impulstakt zu generieren und die Leitung freizuschalten. Aber es funktionierte nicht in jeder Kabine. Mit der Zeit praktizierten das so viele Leute aus Südamerika, dass es vor den Kabinen zu langen Wartezeiten kam.

Von den vier Mitgründern war einer wie erwähnt tot, von den anderen drei fehlte zu jener Zeit jede Spur. Die Organisation musste neu aufgebaut werden, und ich war froh, dass ich das nicht wieder machen musste. Vertrauen aufbauen, vernetzen, Kommunikationskanäle einrichten – wieder bei null anfangen – dafür fehlte mir die Energie. Mir wäre mit Sicherheit vorgeworfen worden, dass ich in die Schweiz abgehauen sei, während sie in Argentinien ausharrten. Vor allem aber, wer mehrmals mit der Polizei und dem Militär in Kontakt gekommen und gefoltert worden war, dem konnte man nicht mehr trauen. Ich begriff auch, dass die Guerillabewegungen nicht Leute aus der Schweiz brauchten, die mit ihnen Seite an Seite kämpften, sondern vor allem Geld, um den Kampf finanzieren zu können. Ich spürte, dass die Menschen hier bereit waren, sich für die Befreiungsbewegungen in Lateinamerika zu engagieren. Die USA waren plötzlich nicht mehr das Land der unbegrenzten Möglichkeiten, sondern eine Macht, die stets irgendwo ihre Finger im Spiel hatte. Es begann mit Vietnam, dann kam Chile, Nicaragua und viele mehr. Natürlich waren es vor allem die Linken, die das verurteilten, aber immerhin, die Diskussion war in der Schweiz angekommen. Wir begannen Geld zu sammeln; Kirchgemeinden, politische Parteien, private Leute spendeten Geld für den Widerstand. Das Geld wurde von Leuten direkt nach Argentinien mitgenommen, weil die Schweizer Banken zwar Überweisungen gemacht, die Banken in Argentinien das Geld aber bis zu einem Jahr zurückbehalten hätten. Ein Empfänger erhielt jeweils einen Kontoauszug, der die Überweisung bestätigte, aber daraus ging nicht hervor, wann es abgehoben werden konnte. Ungefähr zwanzig Leute betätigten sich als Kuriere, nur eine einzige Person zweigte einmal einen kleinen Betrag für sich selbst ab. Das Interesse und die Spendenwilligkeit flauten nach der Austragung der Fussballweltmeisterschaft in Argentinien rapide ab. Die Junta präsentierte sich 1978 von ihrer Sonnenseite als Veranstalter eines grossartigen Sportereignisses – und sorgte dafür, dass Sportler, ausländische Journalisten und Touristen keine Toten zu sehen bekamen. Wir hatten hier in der Schweiz ein Komitee gegründet und druckten Flugblätter, in denen wir sportliche mit politischen Infos vermischten und diese in den Verkaufskästen der Boulevardzeitung ›Blick‹ zwischen die Exemplare legten. Wenn die Käufer Geld eingeworfen hatten, zogen sie entweder einen ›Blick‹ oder unsere Broschüre aus dem Kasten. Eine Anzeige des Verlagshauses gegen Unbekannt verlief im Sand. Es gelang uns sogar, den Parlamentariern im Bundeshaus in ihrem ›Blick‹ unsere Broschüre unterzujubeln.

Im ›Kreuz‹ blieb ich etwa ein Jahr. Zwei oder drei Monate arbeitete ich gleichzeitig im Strassenbau, danach wechselte ich nach Zürich und begann langsam, dem Leben auch Genussvolles abzugewinnen.«

Nach vier Uhr

Ernesto blickte auf die Uhr über uns. Der grosse Zeiger war soeben auf die Zwölf gerutscht; es war vier Uhr morgens. »Ich glaube, ich fasse mich für die nächsten fünf Jahre etwas kürzer, sonst wird's knapp. Aber zuerst.... Warte.« Er stand auf, schlurfte mit dem Infusionsständer zum Stationsbüro und verschwand für ein paar Minuten darin. Statt Ernesto kam Viviane heraus, blickte kurz zu mir und machte ein paar Schritte in die Gegenrichtung, bevor sie wieder im Büro verschwand. Ernesto ging anschliessend zum Balkon am Ende des Flurs und – rauchte. Noch bevor er sich wieder auf seinen Sessel an unserem Tischchen setzen konnte, sagte ich: »Ich dachte, du hast keine Zigaretten mehr.« »Habe ich auch nicht. Ich bin zu Viviane ins Büro gegangen und habe sie gefragt, ob sie mir genau bei diesem Problem helfen könne. Sie hat die Augen verdreht, in ihre Handtasche im Ablagefach gegriffen und eine Zigarettenpackung auf den Tisch gelegt. Dann ist sie aus dem Büro spaziert. Tja, und zurück im Büro hat sie das Päckchen wieder weggeräumt und gesagt, ›Wenn das rauskommt, bin ich meinen Job los‹. Wir haben uns zugezwinkert und ich habe mich aus dem Staub gemacht.«

»In den nächsten Jahren bereiste ich mit meinem Motorrad die Schweiz und Europa. Mein Motorrad war nicht gerade alltäglich, eine 500 TL Enduro. Es gab Typen, die damit unbedingt ein paar Runden drehen wollten. Ich sagte dann, ›Ok, ich kann dir die für eine halbe Stunde vermieten‹. Oft einigten wir uns aber auch darauf, dass ich für eine Gratisfahrt bei der Person essen und schlafen konnte. Wenn ich kein Geld mehr hatte, suchte ich dort Arbeit, wo ich mich gerade aufhielt. Ich war weiterhin Mitglied der Poch und engagierte mich bei politischen

Aktionen, wenn ich in Zürich war. Meine Aktivitäten haben natürlich auch in den Akten des Schnüfflers Ernst Cincera und des Schweizer Staatsschutzes ihren Niederschlag gefunden. Diese Überwachung unliebsamer Bürger mündete 1989 in dem, was als Schweizer Fichenskandal bekannt wurde. Betroffene konnten später Einsicht in ihre Fiche verlangen, vieles darin war aber geschwärzt. Teilweise waren die Einträge absurd. Bei mir stand zum Beispiel, dass mein Motorrad während eines Podiumsgesprächs mit Ernesto Cardenal vor dem Zürcher Volkshaus gesehen wurde. Allerdings war in der Fiche nicht vermerkt, dass ich einer der Organisatoren dieses Anlasses war. In der Kopie meiner Fiche, die mir ausgehändigt wurde, waren neunzig Prozent geschwärzt, damit man nicht Namen von Informanten oder Dinge, die der Staat unter Verschluss halten wollte, erfuhr. Jede Fiche war oben mit einem Code versehen, der festhielt, was mit der entsprechenden Person im Falle eines Belagerungszustandes geschehen sollte. Ob sie an die Grenze gestellt wird, egal ob Schweizer oder nicht, oder ob sie sofort verhaftet und interniert wird. Die Originalfichen lagern meines Wissens heute im Schweizer Bundesarchiv.

Ein paar Semester studierte ich Theologie und gab berufsbegleitend in Liechtenstein Religionsunterricht von der Unterstufe bis zum Gymnasium. Weil ich mit den Schülerinnen und Schülern über die gerade aktuellen Holocaust-Filme diskutierte, bekam ich Ärger. In Liechtenstein über den Zweiten Weltkrieg und die Juden zu reden, war absolut tabu, das wusste ich nicht. Ich war zwar vom St. Gallischen Kirchenrat angestellt worden, aber meinen Lohn bezahlte der Staat Liechtenstein. Und dort bestanden sie darauf, dass mein Vertrag gekündet wurde.

Diese, nennen wir es mal ›unsteten‹ Jahre in der Schweiz, würde ich als Entdeckungsjahre bezeichnen. Ich versuchte mich auch immer wieder, auf eine dauerhafte Partnerschaft einzulassen, aber Susanna war zu gegenwärtig. Ich stand noch immer in Kontakt mit ihr, sah sie plötzlich in einem Raum stehen, redete mit ihr, und sie antwortete. Sie ermutigte mich, mein Leben so zu gestalten, wie ich es für richtig hielt. Zu jener Zeit und in linken Kreisen hatten politisch aktive Südamerikaner bei den Frauen einen Bonus. Ich fragte mich bei Begegnungen oft, gilt das Interesse wirklich mir? Was passiert, wenn Südamerika von der politischen Agenda verschwindet, was bleibt übrig? Ich hatte einige Beziehungen, aber meistens nur für kurze Zeit. Ich verstand die Mentalität der Schweizer Frauen nicht; vielleicht hatte ich den Machismo doch nicht so abgelegt, wie ich es von mir geglaubt hatte, meine Jugend in Argentinien hatte wohl Spuren hinterlassen. Mein grösstes Hemmnis in den Beziehungen zu Frauen lag aber in meiner Kindheit, im Missbrauch, dem ich ausgeliefert gewesen war. Stets trennte ich Gefühle und Sexualität, die schienen nicht zusammen zu gehören, das schaffte in den Beziehungen natürlich Probleme. Selbst bei Susanna, war das so: Ich empfand innige Gefühle für sie; aber sie war es, die mich in die Sexualität einführen musste. Für mich als Ausländer war es in der Schweiz schwierig, in private Kreise aufgenommen zu werden. Auch bei meiner mehrjährigen Partnerin Karin merkte ich, dass ihre Freunde mich zwar als ihren Partner akzeptierten, aber nicht als Ernesto. Ein Beispiel: Mit anderen zusammen gründete ich einen Kinderspielplatz und leitete diesen zwei Jahre lang. Die Leute vertrauten mir, aber trotzdem blieb ich immer nur ›der Freund von Karin‹. Auch ihre Familie akzeptierte mich nur widerwillig.

1982 beschloss ich, wieder eine feste Arbeit anzunehmen. Im Grunde genommen nahm ich bei der Schweizerischen Rückversicherung (heute Swiss RE) eine Stelle an, um Karins Eltern zu beweisen, dass ich nicht bloss ein herumvagabundierender Hippie war, sondern auch etwas leisten konnte. Ich hatte gerade die Handelsschule abgeschlossen und erinnerte mich an einen Besuch unserer Klasse zu einem Vortrag bei der Rück. Mich interessierte die Vielseitigkeit des Versicherungswesens, deshalb rief ich an einem Montag das Personalbüro an und fragte nach einem Job. Am Dienstag wurde ich zurückgerufen und gebeten, einen Fragebogen auszufüllen und ein Motivationsschreiben einzureichen, das vom Grafologen begutachtet wurde. Am Freitag hatte ich den Vertrag in der Tasche. Ich begann in der Korrespondenzabteilung, Briefe in Englisch, Spanisch und Deutsch zu bearbeiten. Meistens waren es Briefe, in denen die Firma sich für den Erhalt einer Rechnung bedankte oder darüber informierte, dass man den Schadenfall prüfen werde. Ein hübsches Intermezzo gab's auch hier. Karins Vater war zu dieser Zeit Grossaktionär der Rück und als Zünfter mit der Führungsetage per du. Nachdem ihm Karin von meinem neuen Job erzählt hatte, rief er den Personalchef der Rück an und wollte wissen, auf Grund welcher Beziehungen ich eingestellt worden sei, einem Hippie und Kommunisten könne man doch nicht über den Weg trauen. Auch beim CEO versuchte er mich schlecht zu machen. Aber er hatte Pech, alle bestätigten ihm, dass ich eine schnelle Auffassungsgabe habe und gute Arbeit leiste.

Nach fünf Jahren, am Schluss meiner Tätigkeit für die Rück, arbeitete ich im Bereich Lateinamerika. Ich kontrollierte die Versicherungsrechnungen und stellte fest, dass das eine oder andere Geschäft eher in der Grauzone abgewickelt wurde. Das wäre eine Geschichte für sich, bei der es oft um Millionen-Beträge ging. Aber ich bleibe jetzt mal bei meinem Leben, sonst sitzen wir noch heute Nachmittag hier. Nach fünf Jahren Rück zog ich Bilanz: Ich hatte einen unheimlich guten Lohn, vierzehn Monatslöhne, Aktien der Firma und viele Privilegien. Aber wäre ich weiter geblieben, wäre ich einer von ihnen geworden. Diese Vorstellung war unerträglich.

Wenn ich an Argentinien dachte, wurde ich traurig; die Nachrichten, die aus meinem Heimatland kursierten, waren vorwiegend düster und desillusionierend. Nach besagter Fussballweltmeisterschaft 1978 erlosch das Interesse an Argentinien fast ganz, die Spenden flossen in eine andere Richtung. Nicaragua war nach dem Sturz des Diktators Somoza bei den Linken mehr im Trend. Die Poch bot mir am Anfang eine politische Heimat, bis mir alles zu theoretisch wurde und ich fand, dass an den Menschen vorbei politisiert wurde. Ich kündete meine Mitgliedschaft und engagierte mich vermehrt in der Gewerkschaftsarbeit. Allerdings schien mir bei vielen Gewerkschaftern das politische Engagement eher lau.

1987 ergab sich eine Möglichkeit, meinen Lebensmittelpunkt nach El Salvador in Mittelamerika zu verlegen. In der Rück hatte ich mich mit Max Knecht befreundet. Max hatte Mittelamerika bereist und war in El Salvador Zeuge geworden von Dr. Leonel Ayalas Arbeit mit einer Gruppe der alcohólicos anónimos (Anonyme Alkoholiker) – Militärs, Guerilleros, Arbeiter, Geschäftsleute, Menschen aus allen Gesellschaftsschichten. Das Konzept der Selbstbehandlung, wie es die Anonymen Alkoholiker auch heute noch praktizieren, interessierte Max, weil sein Vater Alkoholiker war.

Mich interessierte der mittelamerikanische Staat, weil er mich auch an die damalige Situation in Argentinien erinnerte. El Salvador befand sich zu jener Zeit noch immer in einem Bürgerkrieg, das Land war ausgeblutet und zerrissen. Die Militärs gingen in Schulen, nahmen 15-/16-Jährige mit und machten sie zu Soldaten, ob sie wollten oder nicht. Die Guerilleros handelten genau gleich und zwangen die Jungen, im Widerstand zu kämpfen. In vielen Familien war einer der Brüder im Militär, der andere in der Guerilla. Das Militär und die Todesschwadronen flogen mit bewaffneten Flugzeugen, auch PC7 aus der Schweiz, über vermutete Stellungen der Guerilleros. Wenn sie aus den Maschinengewehren ihre Salven abfeuerten, durchschlugen viele Kugeln die Dächer der Häuser und töteten auch Zivilisten. Die Menschen schützten sich, indem sie eine zwei Zentimeter dicke Metallplatte unter die Matratze legten. Hörten sie die Motoren der PC7, flüchteten sie unter die Betten. Ab 1986 beruhigten sich die Kampfhandlungen etwas, aber erst 1991 mit dem Friedensvertrag von Chapultepec schien das Land zur Normalität zurückzukehren.

Noch während unserer Zeit bei der Rück flogen Max und ich in den Ferien jeweils nach El Salvador. Max plante das Konzept der Anonymen Alkoholiker, das hier noch nicht richtig Fuss gefasst hatte, in die Schweiz zu bringen. Ich wollte vor allem neue geschäftliche Möglichkeiten ausloten. Wir begannen mit dem Import von Produkten, die in der Schweiz beliebt waren: Hängematten, Keramik, Kunsthandwerk. Später ergänzten wir das Angebot mit Sesamöl und Gegenständen, die auf Bestellung angefertigt wurden. Der Weihnachtsmarkt auf dem Zürcher Rosenhof war die beste Zeit, um diese Dinge zu verkaufen. Der Erfolg unseres Handels brachte mich auf die Idee, aus dem Import einen Import-Export zu machen. Max bearbeitete den Schweizer Markt mit Produkten aus Mittelamerika und ich vertrat und verkaufte Schweizer Produkte in Mittelamerika. Dafür musste ich allerdings meinen Wohnsitz nach San Salvador, der Hauptstadt El Salvadors, verlegen. Ich liess mir einen Teil meiner Pensionskasse als Startkapital auszahlen. Die Firma Katadyn übertrug uns die Generalvertretung für Mittelamerika. Das Unternehmen produziert und vertreibt auch heute noch Produkte zur Wasseraufbereitung. Wir handelten aber auch mit Produkten für solare Energie und mit Werkzeugen. Wir führten in der Textilindustrie Mittelamerikas mit einem unserer Produkte die Rückgewinnung von Farbstoffen ein. Bis dahin wurde das gefärbte Wasser einfach abgeleitet. Mit unserer Installation konnten 85 Prozent der ausgeschwemmten Farbpigmente zurückgewonnen werden.

Abgesehen von meinen geschäftlichen Absichten glaubte ich, in El Salvador wieder besser zu mir selbst finden zu können. Ich hoffte, dort einen Teil meiner Jugend, die ich nie hatte, nachholen zu können. Die Beziehung zu Karin konnte mich davon nicht abhalten, wir hatten uns auseinandergelebt: Sie interessierte sich für chinesische Medizin, flog oft nach China, um sich darin weiterzubilden. Und für mich war El Salvador die Chance für einen Neuanfang. Meinen Wechsel nach El Salvador hatte ich gut vorbereitet. Zu Beginn durfte ich in einem Haus der Anonymen Alkoholiker wohnen. Über die Leute aus der Gruppe ergaben sich auch Kontakte, die ich geschäftlich nutzen konnte. Bald merkte ich: Nicht nur die PC7-Flugzeuge aus Stans hinterliessen Schweizer Spuren in diesem Land. Bei der Installation einer neuen Wasser-Aufbereitungsanlage im Hauptquartier der Polizei entdeckte ich Sturmgewehre der Schweizer Armee und SIG-Pistolen. Noch merkwürdiger fand ich allerdings, dass da auch taktische Handbücher gegen die Stadt-Guerilla auflagen, Herausgeber war das

Schweizer EJPD (Eidgenössisches Justiz- und Polizeidepartement). Wohlgemerkt, El Salvador befand sich zu jener Zeit noch offiziell im Bürgerkrieg. Ebenso verwirrend: Das luxuriöse Hotel Imperador wurde von einem Schweizer Management geführt und nutzte Solar-Energie für die Warmwasser-Aufbereitung. An der Anlage war ein Schild befestigt aus dem hervorging, dass die Anlage vom DEZA spendiert worden war. Ist ja auch nicht gerade Hilfe für die Ärmsten. Und nach einem Erdbeben in El Salvador schickte die Schweiz Lebensmittel, um die Not zu lindern. Es war verpackter Gruyère-Käse, versehen mit dem Zettel ›Gespendet vom Schweizer Volk‹. Ein Freund von mir musste die Verpackung entfernen und den Käse in die Folie des Geschäfts, in dem er arbeitete, umpacken. Auch dieses Geschäft gehörte einem Schweizer.

Mit drei Partnern, die ich durch die Gruppe der Anonymen Alkoholiker gefunden hatte, gründete ich die Firma Salva AG. Max und ich hatten zwar unsere Firma in der Schweiz im Handelsregister eingetragen, aber die Gesetze von El Salvador verlangten, dass die Firma hier unter anderem Namen registriert sein musste. Wir handelten mittlerweile mit allem, was in Mittelamerika gebraucht werden konnte, sogar mit Bodenkacheln aus Spanien und Italien. Max bearbeitete den europäischen Markt, weil er in der Schweiz bleiben wollte, ich war in ganz Mittelamerika unterwegs, das war ein Knochenjob. Mit meiner Rolle als Chef kam ich allerdings nicht besonders gut zurecht. Von meinen Aussendienstmitarbeitern verlangte ich mindestens vier Abschlüsse pro Monat, gross oder klein spielte keine Rolle. Das war eine realistische Zielvorgabe. Einige fanden jedoch, ein guter Vertragsabschluss pro Monat genüge. Das entsprach zwar durchaus der Mentalität in

Mittelamerika, aber eben nicht meiner, und das führte zu Spannungen. Dass ich nicht autoritär führte, wurde mir als Schwäche ausgelegt. Ohne Machogehabe war es in dieser Gegend schwierig, Chef zu sein. Wie sagt doch ein Sprichwort: Es gibt keinen schlimmeren Tyrannen, als einen Sklaven mit einer Peitsche in der Hand. Meine Angestellten schämten sich, einen Chef zu haben, der immer in billigen Restaurants ass. Dabei ging ich nicht dorthin, um Geld zu sparen, sondern weil ich mich dort wohler fühlte. Ich hatte keine Lust, immer mit zwei, drei Leibwächtern herumzulaufen. Und ob mein Auto oder andere Geräte schmutzig oder verbeult waren, fand ich bedeutungslos, aber sie mussten technisch einwandfrei funktionieren, das war mir wichtig.

Irgendwann kam es zu unüberbrückbaren Differenzen, zuerst mit meinen Partnern vor Ort, später auch mit Max. Ich vertrat ja die Schweizer Firma Katadyn, doch die anderen Geschäftspartner wollten einen Wasserfilter aus den USA importieren, der nur einen Zellulosekern hatte, aber nicht mit Silber angereichert war. Der war zwar billiger, aber von minderer Qualität. Das interessierte meine Partner nicht, sie wollten einfach eine möglichst hohe Marge einstreichen. Max schlug sich auf ihre Seite. Bei einem meiner Besuche in der Schweiz entdeckte ich auch Unregelmässigkeiten in der Buchhaltung. Das Geld, das ich durch meine Aktivitäten verdient hatte, war nicht korrekt in den Büchern eingetragen. Wir hatten Aufträge im Wert von zwei, drei Millionen Dollar, aber die Gewinne aus diesen Geschäften, die ich in Dollar in die Schweiz transferierte, waren nicht sauber ausgewiesen. Max verrechnete unserer Firma nicht nur seinen Lohn, sondern auch einen grossen Teil seiner privaten Wohnkosten. Auf Geschäfskosten mietete er für seinen Bruder Büroräumlichkeiten und bezahlte die Betriebskosten für dessen Auto. Selbst seine Ferien auf Mallorca liess sich Max von unserer Firma bezahlen. Bis dahin hatte ich hart geschuftet, sehr gut verdient und trotz aller Arbeit das Leben genossen. Jetzt, nach vier Jahren, fühlte ich mich unverstanden, ausgenutzt und hintergangen. Ich war enttäuscht, frustriert, und wollte aus der gemeinsamen Firma aussteigen, um etwas Eigenes auf die Beine zu stellen. Max war nicht bereit, die Gesellschaft aufzulösen, aber ich machte ihm die Hölle heiss. Ich drohte: ›Ich habe Unterlagen, die dich bei der Steuerbehörde ziemlich in Schwierigkeiten bringen‹. Ich wusste, dass ich mir damit auch selber Schaden zufügen würde, aber der wäre kleiner, als wenn ich mit Max weitermachte. Unter diesem Druck willigte er ein.«

»Tut mir leid, aber der Kaffee treibt, ich muss nochmal pinkeln. Danach erzähle ich dir, wie ich meine Exfrau kennenlernte.« Beide verschwanden wir in unseren Zimmern, um unsere Blasen zu entleeren. Ich versuchte, meine eigenen Erinnerungen an El Salvador abzurufen. Ich war 1978 mit zwei Kollegen auf dem Trans American Highway unterwegs. Von Los Angeles aus waren wir mit unserem Auto auf dem Weg nach Rio de Janeiro – Abenteuer pur. Wir waren schon einige Wochen ›on the road‹ und erreichten kurz nach dem Einnachten die kleine Stadt Santa Ana im Norden El Salvadors. Wir fanden ein Hotel, und während des Abendessens redete der Hotelbesitzer auf uns ein und machte Zeichen, die wir nicht verstanden. Er forderte mich auf, mit ihm zu kommen, führte mich zu unserem vor dem Hotel geparkten Auto und deutete auf eine Art Scheunentor direkt neben dem Hotel. Er öffnete das Tor und ich fuhr unseren Landcruiser ins Innere des Gebäudes. Als ich ausstieg, befand ich mich keine fünf Meter von unserem Tisch entfernt.

Ich setzte mich zu meinen Gefährten, wir lachten darüber, dass unser Auto quasi am Abendtisch Platz genommen hatte, und fanden das eine nette Geste des Hoteliers. Am nächsten Morgen verliessen wir Santa Ana und El Salvador in Richtung Nicaragua. Dort erst, als wir die Einschusslöcher an den Hauswänden entdeckten und von einer sehr nervösen Militärpatrouille darauf hingewiesen wurden, dass wir augenblicklich die nächtliche Ausgangssperre zu befolgen hätten, wurde mir klar: In Mittelamerika herrschte Krieg. Wir waren beseelt von unserem Abenteuer, aber grenzenlos naiv. Ernesto dagegen, wusste worauf er sich einliess, er suchte ein Land, dessen Zustand ihm wohl näher lag als das zahme politische Miteinander in der Schweiz.

Als ich die Klinke meiner Zimmertüre drücken wollte, öffnete sich diese wie von selbst und Viviane stand vor mir. »Ich dachte, ihr gebt endlich Ruhe, weil keiner mehr draussen auf dem Flur sitzt. Ich habe mich wohl getäuscht.« Dann kontrollierte sie den Beutel an meinem Infusionsständer, machte eine einladende Geste zum Flur hinaus und sagte: »Bitte sehr, der Herr.«

»Für meine neue Firma mietete ich beim Autoverleiher Avis ein Fahrzeug. Eine junge, charmante Frau bediente mich. Der Wagen, den sie mir aushändigte, war ziemlich neu, der Motor auf bleifreies Benzin eingestellt. Bereits nach zwanzig Kilometern spukte dieser, die Lambda-Sonde war kaputt. Janina, die Angestellte von Avis, überliess mir ohne Diskussion ein anderes Auto, und weil das auch beim zweiten und dritten Leihwagen wieder passierte, verlangte ich genervt ein möglichst altes Auto mit einem Motor, der noch auf bleihaltiges Benzin eingestellt war. Janina meinte, sie hätten nur Neuwagen im Angebot, aber sie könne mir einen alten Suzuki Jeep organisieren, den ich kaufen könne. So begann unsere Beziehung. Sie hatte sich extrem bemüht und ganz offensichtlich auch Talent, Dinge schnell zum Laufen zu bringen. Das gefiel mir. Ich war kurz vor meinem vierzigsten Geburtstag, Janina achtzehn Jahre jünger. Wir gingen ein paar Mal an Orten tanzen, wo sie ohne mich niemals hätte hingehen können, weil ihr dafür das Geld fehlte. Ich war für sie interessant, ich hatte Geld, ich war Ausländer aus Europa, sie konnte sich mit mir brüsten, was sie auch gerne tat. Andererseits waren mir ihre Avis-Kontakte zu vielen Geschäftsleuten aus Mittelamerika beim Aufbau meiner neuen Firma sehr nützlich. Da die Firma aus rechtlichen Gründen einen Teilhaber mit salvadorianischer Staatsbürgerschaft haben musste, trug ich auch sie im Handelsregister ein.

Janina hatte einen sehr strengen Vater, der seine kleine Prinzessin furchtbar verwöhnte. Er war während des Bürgerkrieges in den Todesschwadronen tätig gewesen, seinem Vorgesetzten gegenüber bedingungslos loyal. Nach dem Ende der Diktatur blieb er in den Diensten dieses Obersten. Er war ein respektierter Mann, aber er hatte ein Problem: Von Freitagmittag bis Sonntagabend war er meistens betrunken. Das enthemmte ihn und er wurde gegenüber seiner Frau, Janina und den Söhnen gewalttätig. Oder er ging auch mal mit einer Machete auf einen Nachbarn los. Als ich mich vorstellte, waren alle in grosser Sorge, weil er zuvor schon einige Verehrer seiner Tochter kurz und bündig aus dem Haus geschmissen hatte. Mir machte das keinen Eindruck und das schien ihm zu gefallen. Wir wussten, woran wir miteinander waren, und es war für ihn in Ordnung, dass seine Tochter mit mir ausging. Es mag absurd klingen: Politisch lagen wir diametral auseinander, unsere Vergangenheit hätte nicht unterschiedlicher sein können. Trotzdem mochten wir uns. Er unterstützte mich auch sehr im Aufbau meines neuen Geschäfts.

In der Zeit, als Janina und ich zusammenkamen, kaufte ich ein Haus mit Garten. Weniger das Haus, als der stattliche Cashew-Nussbaum im Garten, hatte es mir angetan. Der Hinterhof mit einem Granatapfelbaum bot genug Platz, um Kräuter anzupflanzen und verschiedene Tiere zu halten. Ich hielt einen Waschbären, einen Hund, Katzen, drei Hühner, Eichhörnchen und einen Papagei. Am Abend war mein grösstes Vergnügen, draussen zu sitzen und den Tieren zuzuschauen. Der Waschbär sass meistens auf meiner Schulter und nahm mir manchmal die Brille weg. Oder er klaubte aus dem Zigarettenpäckchen eine Zigarette und schob sie wieder rein. Er war ein cleveres Kerlchen. Eines Abends, als ich heimkam, war die Polizei im Haus der Nachbarin und sie erzählte, dass bei ihr eingebrochen worden sei. Das Haus war durchwühlt, Kartons geöffnet, aber nichts fehlte. Auf ihrem Bett lagen Brotkrümel. Dadurch wurde mir klar, wer da ›eingebrochen‹ war – mein Waschbär. In jener Zeit ging es mir wirklich gut. Das änderte sich auch nicht, als mir eines Tages mein Suzuki Jeep gestohlen wurde. Da Passanten den Dieb beobachtet hatten, wusste ich, dass es ein Unteroffizier der Polizei gewesen war. Auf dem Polizeiposten erhielt ich auf meine Diebstahlmeldung nur die knappe Antwort, ›Seien Sie dankbar, dass Sie noch leben.‹. Ich wandte mich an einen Oberst der Polizei, der sich bei mir einmal für Wasserfilter interessiert hatte, und schilderte ihm, was passiert war. Zwei Tage später stand mein Jeep wieder vor der Türe. Sogar das kleine Taschenmesser am Schlüsselanhänger war wieder da. Das Interesse des Obersten galt vor allem meinem kleinen finanziellen Dankeschön, das ich ihm versprochen hatte.

Janina zog bei mir ein, teilweise begleitete sie mich auch auf Geschäftsreisen. Sie hatte bei Avis aufgehört und arbeitete in meiner Firma. In der Schweiz liess ich Werbebuttons anfertigen, das war damals in San Salvador ein Renner. Janina betreute diese Sparte selbständig und ich bezahlte ihr einen Lohn. Die erste gemeinsame Zeit war intensiv und harmonisch, dann kippte es. Janina hatte zwei Persönlichkeiten, die eine sehr sozial und hilfsbereit, die andere extrem eifersüchtig, beherrschend, aggressiv. Wenn sie mich nicht unter Kontrolle haben konnte, rief sie Kunden an und fragte, mit welcher Frau ich gerade unterwegs sei. Das diskreditierte mich bei manchen Kunden, die mich deshalb nicht für den Mann zum Geschäfte machen hielten. Wir stritten uns immer mehr, sie begann mich zu schlagen und warf Gegenstände nach mir. Ich beschloss, unsere Beziehung zu beenden, was absolut nicht in ihrem Sinne war, schliesslich hatte sie mit mir aus finanzieller Sicht sowas wie den Jackpot geknackt. Dann überstürzten sich die Ereignisse: Ich wurde entführt.

An einem Morgen, kurz vor acht Uhr, begab ich mich zum Eingang meines ummauerten Anwesens. Das Portal bestand aus zwei Gittertoren und einem angrenzenden Schuppen, in dem die Waschküche untergebracht war. Zwischen den Gittern waren meine drei Autos parkiert. Da diese ganz dicht beieinanderstanden, liess sich das Gitter zur Strasse hin nur von aussen öffnen. Ich ging durch den Schuppen, der eine Türe zur Strasse hatte, um das äussere Tor aufzuschliessen. Während ich mich über das Schloss beugte, erhielt ich einen heftigen Schlag auf den Kopf und wurde ohnmächtig. Als ich erwachte, lag ich gefesselt, mit einem Jutesack über dem Kopf auf der Ladefläche eines Pickups. Wie lange und wohin wir fuhren, konnte ich nicht einschätzen. Die Entführer brachten mich in einen Raum und nahmen mir den Jutesack vom Kopf; sie selber blieben maskiert. Der eine erklärte mir höflich, es handle sich um nichts Persönliches, es gehe ausschliesslich um meine Vermögenswerte, und wenn alles so klappe, wie vorgesehen, würden sie mir nichts antun. Entführungen waren damals in El Salvador an der Tagesordnung; vier oder fünf Entführungen pro Tag waren normal, meistens traf es Leute aus der Oberschicht, und immer gingen die Täter nach dem gleichen Muster vor. Sie forderten mich auf, alle meine Firmen und Immobilien zu nennen. Nachdem ich die eine oder andere nicht erwähnt hatte, fragten sie gezielt danach. Sie wussten genau, was ich besass, und versuchten herauszufinden, ob noch mehr in meinem Besitz war. Überraschenderweise legten sie mir auch schon die Verträge zum Verkauf meiner Autos, des Hauses und der Geschäftsräumlichkeiten meiner Firma vor. Die Verträge waren bereits notariell beglaubigt, ich sollte nur noch unterschreiben. Als offizieller Grund der Eigentumsübertragung wurde meine Rückkehr in die Schweiz genannt. Sie kannten alle meine Bankkonten und wieviel Geld auf jedem einzelnen lag. Stutzig machte mich, dass Janinas Teil der Firma, das Geschäft mit den Werbebuttons, unerwähnt blieb und die Entführer die Passwörter meines PCs und Servers kannten, die eigentlich nur mir und Janina bekannt waren. Ich verdächtigte Janina, mit der Sache etwas zu tun zu haben, die notwendige kriminelle Energie traute ich ihr zu. Vielleicht war einer der Täter ihr Liebhaber, mit dem sie unter einer Decke steckte. Jahre später, während einem ihrer Wutanfälle, gab sie ihre Mittäterschaft freimütig zu. Angst um mein Leben hatte ich keine, diese Leute waren Profis, denen es ausschliesslich ums Geld ging. Kam nichts Unvorhergesehenes dazwischen, würde mir nichts geschehen. Die

Entführer behandelten mich gut, fragten mich sogar, was ich essen wolle, und offerierten mir einen Schnaps.

Ich unterschrieb alle Verträge, die sie mir vorlegten. Hätte ich mich geweigert, hätten sie meine Unterschrift wohl gefälscht, Janina hatte das schon früher bei Bankchecks mit grosser Bravour getan. Ich sagte mir, es ist nur Geld, das ich verliere, ich bin fähig, wieder neu anzufangen. Es dauerte einen Tag, bis alle Formalitäten geregelt waren. Ein zweiter Notar bestätigte, dass alle gesetzlichen Anforderungen erfüllt seien und meine Unterschrift echt sei. Auch meine Passnummer und weitere Personaldaten waren auf dem Dokument aufgeführt – ein weiterer Hinweis für Janinas Mittäterschaft. Damit waren die Forderungen der Entführer erfüllt.

Sie brachten mich zu einem Parkplatz, erklärten mir, dass bei einem dort abgestellten Auto der Schlüssel unter dem Kotflügel bereitliege, damit ich nach Hause fahren könne. Ich solle den Wagen zweihundert Meter vor meinem Haus auf einem riesigen Areal parkieren und mich einen Tag lang von diesem Ort fernhalten. Sie drückten mir ein paar Münzen zum Telefonieren in die Hand und verschwanden. Als ich abends nach Hause kam, jammerte Janina, sie habe drei Tage gedacht, ich sei irgendwo mit einer anderen Frau zusammen. Sie hatte auch die Hotels in Guatemala angerufen, in denen ich normalerweise mit Geschäftspartnern zusammenkam. Ich denke, das war alles Theater, um ihre Unschuld zu beweisen, sie war eine begnadete Lügnerin. Ich versuchte, sie mit Fragen aufs Glatteis zu führen, aber sie zeterte, ›Traust du mir nicht? Wie kannst du so etwas von mir denken, du machst das bloss, damit du die Beziehung beenden kannst! Du willst mich zerstören, dabei liebe ich dich doch!‹.

Am nächsten Morgen wollte ich in meine Firma gehen. Schon am Eingang des Gebäudes wurde mir der Zutritt verwehrt, die Security-Leute waren bereits informiert. Ich durfte nichts mehr aus meinem Büro holen, hatte auch kein Auto mehr, um irgendwelche Büromaschinen oder Möbelstücke zu transportieren. Um mein Anwesen mit dem Cashew-Baum im Garten zu räumen, gaben sie mir genau eine Woche. Auch da achteten drei Sicherheitsleute darauf, dass ich nichts mitnahm, was ich überschrieben hatte.

Für mich war klar, das Experiment El Salvador war zu Ende. Nicht gescheitert, aber zu Ende. Nun würde ich an einem anderen Ort wieder von vorne beginnen. Bis ich alles für die Rückkehr in die Schweiz organisiert hatte, wohnten Janina und ich bei ihren Eltern. Dass ich ihr nicht mehr traute, machte unsere Beziehung noch schwieriger. Ich war fest entschlossen, sie zu verlassen und alleine in die Schweiz zurückzukehren. Wenige Wochen nach der Entführung sagte sie mir, dass sie schwanger sei. Sie überraschte mich damit komplett, denn sie hatte immer mit der Sechsmonate-Spritze verhütet, zumindest sagte sie das. Ich denke, sie wollte mich mit dem Kind erpressen, sie wollte unbedingt, dass ich sie heirate. Ich erinnere mich an die Worte ihres Bruders: ›Heirate meine Schwester nicht, zahle monatlich für das Kind, aber heirate sie nicht. Sie wird dir das Leben zur Hölle machen‹. Und das hat sie auch. Aber ich wollte mein Kind unter keinen Umständen alleine bei dieser Frau lassen, schon gar nicht in einem Land, wo Kinder keine Rechte haben. Ich heiratete Janina wegen des Kindes und hoffte, dass die Geburt sie verändern würde. Janina war als Kind während der Kriegsjahre selbst viel Brutalität ausgesetzt gewesen und gewiss traumatisiert worden.

In der Schweiz wollte ich neu anfangen. In der ersten Zeit wohnten wir bei meiner Ex-Freundin Karin in

Geroldswil. Während eines Spaziergangs hörte ich zwei Nachbarinnen miteinander tuscheln – gerade laut genug, dass wir es hören konnten: ›Jetzt haben wir bei uns auch schon Schwarze im Dorf‹. Dummerweise übersetzte ich das Janina, die eine braune Haut hat. Wie eine Furie ging sie unverzüglich auf die beiden Frauen los. Diese wiederum meldeten den Angriff schnurstracks bei der Polizei und wollten nur von einer Anzeige absehen, wenn diese Wahnsinnige das Dorf verlasse. Janina begann auch gegenüber Karin aggressiv zu werden, weil sie so eifersüchtig war. Wir waren vierundzwanzig Stunden zusammen und hatten reichlich Zeit zum Streiten. Wir lebten vom Geld, das uns durch den Verkauf von Janinas Geschäft mit den Werbebuttons geblieben war. Es war offensichtlich, Janina wollte oder konnte hier nicht leben. Im September 1995 zogen wir nach Kanada weiter, zu ihrem Bruder, der zwei Fahrstunden von Toronto entfernt, nahe der Grenze zu den USA wohnte. Janinas Bruder war einige Jahre zuvor mit seiner damals fünfzehnjährigen Freundin aus El Salvador nach Kanada abgehauen.

Im Dezember wurde unsere Tochter Rosa geboren. Die Geburt verlief ohne Komplikationen, Rosa erhielt die Staatsbürgerschaft von Kanada, jene von El Salvador und der Schweiz hatte sie ohnehin auf Grund ihrer Eltern. Die ersten Monate wohnten wir bei Janinas Bruder in einem Zimmer, das gerade Platz für ein Doppelbett und einen Dreissig-Zentimeter-Durchgang bot. Rosas Kinderbettchen stand in einem anderen Zimmer. Das Geld wurde knapp, ich brauchte dringend einen Job. Weil ich aber noch keine Arbeitsbewilligung hatte, wollten die Firmen mich nicht anstellen, und weil ich keinen festen Job hatte, konnte ich die Arbeitsbewilligung nicht beantragen. Letztlich fand ich eine Arbeit, die sonst keiner machen wollte: Das Unternehmen vermietete Trucks, und mein

Job bestand darin, die Lastwagen nachts zu reinigen und aufzutanken. Dafür gab's zweieinhalb Dollar die Stunde. Der billigste Hamburger kostete damals anderthalb Dollar – einfach, damit du dir vorstellen kannst, wie knapp unser Budget war. Ich musste in einer Halle die Trucks mit heissem Wasser abspritzen, die eigentliche Reinigung fand anschliessend auf einem überdachten Vorhof statt. Zum Schluss musste ich die Tanklastwagen mit etwa 2000 Liter Diesel betanken. Das ganze Prozedere dauerte etwa eine halbe Stunde, dann ging's wieder in die Halle, um die nächste Karre zu waschen. Immer nachts, Sommer und Winter, teilweise bei minus zwanzig Grad, sechs Tage die Woche – für zweieinhalb Dollar die Stunde.

Wenn ich morgens mit der Arbeit fertig war, holte ich Janina zuhause für den Englischunterricht ab. Rosa wurde unterdessen im Hort der Schule betreut. Da die Lektionen ziemlich einfach gestaltet waren und ich schon in Argentinien etwas Englisch gelernt hatte, konnte ich das ohne grossen Aufwand durchziehen. Um zwei Uhr nachmittags war der Unterricht zu Ende und wir kauften im Supermarkt für den täglichen Bedarf ein. Wenn alles rund lief, konnte ich von vier oder fünf Uhr nachmittags bis neun Uhr abends schlafen, bevor ich wieder zur Arbeit ging.

Nach einem halben Jahr wechselten wir in eine eigene Wohnung, keine fünfzig Meter vom Haus des Bruders entfernt. Janina ging noch für eine Weile in die Englisch-Schule und anschliessend mit anderen Frauen aus El Salvador ins Restaurant, wo sie sich natürlich in Spanisch unterhielten. Eine der Frauen hatte einen Minivan. Häufig fuhren sie in eine Shopping Mall und verbrachten dort den Rest des Tages. Ich sah Janina nur noch selten, entweder war sie mit ihren Freundinnen unterwegs, bei ihrem Bruder oder – bei ihrem Liebhaber, aber das erfuhr ich erst später. Nach einem Jahr hörte Rosa auf, richtig zu essen und zu wachsen. Janina gab ihr zwar ständig die Brust, aber sie selbst ernährte sich schlecht und unzureichend.

Eine Ärztin, die ebenfalls aus El Salvador migriert war, fand, das Kind werde schon wieder essen. Ich wollte noch die Meinung eines zweiten Arztes und vereinbarte einen Termin im Krankenhaus. Als sich Rosa am Samstagabend ununterbrochen erbrach, mochte ich nicht länger warten und brachte sie tags darauf in den Notfall. Rosa wurde gründlich untersucht; die Ärztin diagnostizierte ein ›floating harbour syndrom‹, eine noch ungeklärte Krankheit, die das Wachstum und auch die Sprachentwicklung verlangsamt. Rosa musste mehrmals operiert werden.

Im Krankenhaus wurden Janina und ich getrennt zu unseren Lebensumständen befragt. Irgendwann tauchte die Jugendschutzbehörde auf, denn die Ärztin hatte gemeldet, dass Rosa wohl misshandelt worden sei. Janina gab in der Befragung zu Protokoll, dass ich Rosa misshandelt hätte. Zuerst glaubte ich, Janina sei wohl mangels Sprachkenntnissen missverstanden worden. Das war ein grosser Irrtum: Janina wurde die Aufenthaltsgenehmigung für Kanada zugesichert, für Rosa das Sorgerecht und die notwendigen sozialen Dienstleistungen, falls sie Anzeige gegen mich erstatte. Janina war, was ihren eigenen Vorteil betraf, schon immer sehr clever und begann zu rechnen. Mit den versprochenen Sozialleistungen würde sie finanziell das Doppelte von dem bekommen, was ich als Lohn nach Hause brachte. Die zweiundzwanzig Dollar die Stunde, die ich zum Schluss als Verwalter der Treibstoffabteilung erhielt, reichten eben nirgendwohin. Sie witterte ihre Chance und beschuldigte mich. Ich zeigte den Leuten der Jugendschutzbehörde die Abdrücke auf meinem Rücken, die Janinas Gürtel dort hinterlassen hatten, und erklärte, dass es sich umgekehrt verhalte: Die häusliche Gewalt gehe von der Mutter aus. Es half nichts, ich wurde verhaftet, verbrachte eine Nacht auf dem Polizeiposten und wurde wegen häuslicher Gewalt und Kindesmisshandlung angeklagt. Bis zum Prozess durfte ich mich Janina und Rosa nicht mehr als hundert Meter annähern. Ich musste die gemeinsame Wohnung verlassen und hauste teilweise in meinem Minivan ein paar Häuserblocks entfernt. Dass ich durch den angeordneten Abstand meine üblichen Hausarbeiten nicht mehr erledigen konnte, passte Janina gar nicht, denn damit hätte sie ihre gewohnten Freiheiten verloren. Sie erpresste mich erneut: ›Wenn du nicht zu mir kommst, werde ich der Polizei sagen, dass du dich mir angenähert hast.‹. Ich sollte weiterhin kochen, sie irgendwohin fahren, auf Rosa aufpassen …

Wenn ich über Nacht bei ihr blieb und unverhofft noch Besuch kam, versteckte sie mich in einem begehbaren Kleiderschrank.

Rosa hatte eine Magensonde bekommen, aber die rutschte immer wieder heraus, wenn sie sich heftig bewegte. Sie wurde wieder ins Krankenhaus eingeliefert, und auch dort durfte ich Rosa nur besuchen, wenn eine Krankenschwester oder eine Begleitperson dabei war. Mit der Zeit merkte das Personal aber, was zwischen mir und Rosa wirklich war, wie sich das Kind freute, wenn ich da war und wie sie Wärme bei mir suchte. Dann liessen sie mich auch alleine mit ihr.

Am ersten Prozesstag nahm Janina ihre Anzeige zurück und ich wurde freigesprochen. Damit war die Sache aber nicht ausgestanden: Auf Grund dieser Vorfälle wurden unsere Aufenthaltsbewilligungen nicht mehr verlängert. Rosa war Kanadierin, hätte also bleiben können, aber wir

Eltern wurden ausgewiesen, Janina nach El Salvador und ich in die Schweiz. Das war natürlich keine Option, noch viel weniger, dass Rosa mit Janina alleine nach El Salvador zurückgekehrt wäre. Vier Jahre nach Ankunft in Kanada hiess es erneut die Zelte abbrechen, alles verkaufen, neu anfangen. Wegen Rosas angeschlagener Gesundheit kam für mich nur die Schweiz für einen Neubeginn in Frage. Rosa hatte zum Zeitpunkt der Wegweisung gerade eine schwere Lungenentzündung, die Ärzte erlaubten nicht, dass sie flog. Der Fremdenpolizei war das so lang wie breit, sie argumentierte, Rosa könne ja im Land bleiben. Ich übernahm dann die Verantwortung, dass Rosa mit uns Eltern das Land verliess. Im Flugzeug hatte sie eine Sauerstoffmaske auf, und in Zürich brachten wir sie unverzüglich ins Kinderspital.«

»Hast du eigene Kinder?« Ich nickte und streckte zwei Finger in die Luft. »Dann weisst du ja, wie das ist. Sie sind fiebrig oder husten, sie haben Schmerzen und weinen, du bist in Sorge um sie und wünschst dir nichts mehr, als dass es endlich wieder gut wird.« Ich nickte, erinnerte mich an die Momente, als meine Kinder jeweils ernsthaft erkrankt im Krankenhaus lagen. Und die Erleichterung und Freude, als sie heil und gesund nach Hause durften.

»Der Verkauf unserer Habseligkeiten in Kanada reichte gerade für die Rückflugtickets und rund hundert Dollar Handgeld. In der Schweiz organisierte uns der Sozialdienst ziemlich schnell eine erste Bleibe. Ich brauchte wieder einmal schleunigst einen Job. Weil ich in Kanada eine geregelte Arbeit hatte, konnte ich mich unverzüglich bei der regionalen Arbeitsvermittlung RAV melden. Sie erklärten, dass sie da ein paar eigene Projekte laufen hätten. Für ein interessantes Projekt in der Informatikabteilung des EAM (Ergänzender Arbeitsmarkt boten sie mir eine Praktikumsstelle an. Das passte! Zu zweit hatten wir das gesamte Netzwerk mit rund dreihundert Computern zu warten. Mein Kollege betreute vor allem die Software, ich kümmerte mich um die Hardware, wir ergänzten uns ideal. Auf Grund unserer guten Leistung wurden wir fest angestellt und erhielten eine wichtige Aufgabe: Der Jahrtausendwechsel stand kurz bevor, und wir waren dafür verantwortlich, dass auch nach dem 31. Dezember 1999 das Netzwerk reibungslos funktionierte. Auch diese Aufgabe lösten wir problemlos, als Dank finanzierte das Arbeitsamt meine Ausbildung zum Informatiker.

Zwei Monate bevor wir in die Schweiz zurückkamen, war Natalie gestorben. Das Geheimnis, wer Mirjams Vater war, nahm sie mit ins Grab, auch das Testament gab keinen Hinweis darauf. Im Jahr darauf starb Sarah. Ich hatte davon keine Kenntniss, ich hatte sie seit jenen Kindertagen in Argentinien aus den Augen verloren, sie schien ja nichts mit mir zu tun zu haben. Nun, nach ihrem Tod, benachrichtigte mich die Gemeindebehörde, weil Sarah den Nachnamen meines Vaters beibehalten hatte und ich in dessen Unterlagen als sein Sohn erwähnt war. Aus den Informationen der Gemeinde ging hervor, dass Sarah einen Sohn geboren hatte, der zuerst als verschollen galt, später für tot erklärt wurde. Schon damals wunderte ich mich, was sich da alles in der Vergangenheit ereignet hatte. Aber erst nachdem mir Mirjam vor drei Jahren erzählte, was sie wusste, begriff ich, dass Sarah wohl meine leibliche Mutter war.

An meiner gegenwärtigen Lage änderte das allerdings nichts. Janina und ich stritten weiterhin fast täglich, ihre Attacken wurden immer gewalttätiger. Einmal hielt ich das Geschrei nicht mehr aus, wollte nur noch Ruhe, schloss mich in der Toilette ein und rauchte eine Zigarette. Plötzlich spürte ich Flüssigkeit auf meinen Kleidern, Janina hatte Brennsprit durch das Schlüsselloch gespritzt und mich voll getroffen. Hätte meine glühende Zigarette den Brennsprit entzündet, hätte ich keine Chance gehabt. Manchmal überlegte ich mir, ob ich abhauen sollte, irgendwohin, um etwas Neues aufzubauen, wie ich es schon einige Male getan hatte. Rosa hielt mich davon ab, sie musste immer wieder in das Kinderspital, erhielt über Jahre Wachstumsspritzen – ich konnte sie nicht alleine ihrer Mutter überlassen. Ich versuchte zu verhindern, was ich für die Entwicklung meiner Tochter für schädlich hielt; vieles passierte leider, während ich bei der Arbeit war. Ich wollte mich von Janina scheiden lassen, aber sie weigerte sich standhaft, weil sie sonst ausgewiesen worden wäre, da wir noch nicht lange genug verheiratet und in der Schweiz wohnhaft waren. Janina reagierte so, wie sie es schon in Kanada praktiziert hatte: mit Rache. Sie informierte das Team des Kinderspitals, dass ich Rosa missbrauchen würde. Ich wurde zu einem Gespräch aufgeboten, und man riet mir zuerst trotz meiner Unschuldsbeteuerungen, mich selbst anzuzeigen. Damit wäre es wieder zu einem Prozess gekommen, und ob das Gericht mir meine Unschuld geglaubt hätte, war ungewiss. Nach einem langen Gespräch mit der Notfallpsychiaterin willigte diese ein, mit Janina zu reden. Diese zog daraufhin ihre Beschuldigung zurück, drohte mir aber lächelnd, ›dann versuche ich das halt ein anderes Mal wieder‹.

Nach diesem Vorfall entschied ich mich, eine eigene Wohnung zu suchen, um dieser vergifteten Ehe endlich entfliehen zu können. Der Sozialdienst war mir behilflich, ich fand in kurzer Zeit eine Wohnung. Mirjam, die mich für ein halbes Jahr besuchte, war eben erst in der

Schweiz angekommen, und schon legte sich Janina mit ihr an. Mirjam war da resoluter als ich und gab kräftig zurück. Als Janina erfuhr, dass ich bereits den Vertrag für die neue Wohnung unterschrieben hatte, drängte sie uns beide kurzerhand aus der gemeinsamen Wohnung. Zum Glück fanden wir bei Fatimah, einer Freundin, Unterschlupf, weil die neue Wohnung noch nicht eingerichtet war. Als Mirjam und ich zwei Tage später in die ehemalige Wohnung gingen, um zu holen, was mir gehörte, rief Janina die Polizei und behauptete, Mirjam habe sie tätlich angegriffen. Diesmal glaubte ihr die Polizei nicht und schickte sie für einen halben Tag aus der Wohnung, damit ich in aller Ruhe aufschreiben konnte, was mir gehörte und was ich mitnehmen wollte. Wir waren zwar noch immer verheiratet, aber jetzt wenigstens in getrennten Wohnungen.

Dass Janina sich seit längerer Zeit prostituierte, erfuhr ich erst jetzt durch Fatimahs Bruder. Janina hatte mir immer erzählt, sie habe bei einer reichen Familie einen Job als Putzfrau, und da diese Leute abends oft Partys geben würden, könne sie dort bedienen. Der Arbeitgeber bezahle sie immer gleich am Ende des Arbeitstages und übernehme auch die Kosten für die Taxifahrt von zuhause zum Arbeitsplatz und zurück. Die Version von Fatimahs Bruder klang ganz anders: Er hatte Janina an einem Fest bei Fatimah kennengelernt und später in einem Saunaclub in Opfikon wiedererkannt. Zur Rede gestellt, zeigte sich Janina unbeeindruckt, ihr war es völlig egal, dass ich nun die Wahrheit kannte.

Nach fünf Uhr

Ich erklärte mich trotz aller Zweifel einverstanden, Janina das Sorgerecht für Rosa zuzuschreiben, weil Janina so trotz Trennung das Bleiberecht für die Schweiz behielt und damit sicher auch Rosa hier bleiben würde. Ich nahm aber den Pass des Mädchens an mich, um sicher zu gehen, dass Janina Rosa nicht nach El Salvador entführen konnte. Plötzlich änderte Janina ihre Meinung bezüglich Scheidung. Sie war von einem anderen Mann, Simon, schwanger geworden; es wurde erneut kompliziert. Weil sie noch mit mir verheiratet war, wäre ich der gesetzliche Vater des Mädchens gewesen, auch wenn ich nicht der biologische Vater war. Und Simon hätte seine Tochter adoptieren müssen. Da ich dazumal im Sozialdepartement arbeitete und gute Kontakte zur Jugendbehörde hatte, fanden wir eine praktikable Lösung. Janina und ich würden uns so schnell wie möglich scheiden lassen, und Simon würde Janina kurz danach heiraten; so würde er die väterlichen Rechte erhalten. Zunächst musste ich aber nach der Geburt des Kindes eine Aberkennungsklage gegen Janina und ihre neue Tochter einreichen. Am Prozesstag sassen wir in der Halle vor dem Gerichtssaal und warteten auf unseren Termin. Janina musste ständig zur Toilette und so hielt ich die Kleine in den Armen. Ein älterer Herr ging an mir vorbei und lächelte, als er sah, wie ich die Kleine in den Armen wiegte. Im Gerichtssaal entpuppte sich dieser Mann als der Richter, der unseren Fall behandelte. Er sagte, er habe mich draussen im Flur gesehen und ob ich sicher sei, dass ich nicht der Vater sei. Simon, ebenfalls anwesend, rief, ›Nein, nein, ich bin der Vater!‹. Dieser Deal stimmte für uns alle: Janina war sicher, dass Simon sie heiraten würde. Simon erhielt als biologischer Vater die gesetzlichen Rechte für sein Kind, und ich konnte mich endlich von Janina scheiden lassen.

Simon war kurz nach meinem Rauswurf bei Janina eingezogen, und was er mit ihr erlebte, schien eine Kopie von dem zu sein, was ich erlebt hatte. Ich freundete mich mit Simon an und besuchte ihn und seine Familie häufig. Das Mädchen erhielt noch einen kleinen Bruder und auch Rosa lebte bei ihnen. Simon und ich gingen ab und zu gemeinsam zum Schiesstraining, wir waren beide begeisterte Sportschützen.

Eines Tages informierte mich Simon telefonisch, dass die Auseinandersetzung mit Janina gerade eskaliert sei und er die Polizei habe aufbieten wollen. Aber Janina habe seine Pistole aus dem Tresor genommen, auf Rosas Kopf gezielt und gedroht, dass etwas passiere, wenn er nicht augenblicklich das Handy zur Seite lege. Simon und ich verabredeten uns für den nächsten Tag auf dem Polizeiposten, um Anzeige zu erstatten. Der Beamte fragte Simon, wie viele Jahre er verheiratet sei und wie lange seine Ehefrau schon gewalttätig sei. Auf Simons Antwort, dass dieser Zustand schon zehn Jahre andaure, wollte der Polizist wissen, warum er so lange mit einer Anzeige gewartet habe, und gab ihm folgenden Rat: ›Gehen Sie nach Hause und zeigen Sie Ihrer Frau, wer der Mann im Haus ist‹. Hätte Simon das versucht, wäre es wohl zu einer Katastrophe gekommen. Ich intervenierte und sagte dem Polizisten, ›Ich möchte eine Gefährdungsmeldung machen‹. Drei Stunden später sass Janina in Untersuchungshaft. Vor Gericht forderte die Staatsanwältin auf Grund all der Straftaten, die Janina im Laufe der Jahre begangen hatte, drei Jahre Haft unbedingt. Aber dank Janinas Anwältin, die sie schon bei unserer Scheidung vertreten hatte, wurde sie nur zu drei Monaten verurteilt, viele der Ereignisse waren schon verjährt.«

Viviane trat aus dem Stationsbüro, blickte kurz zu uns, dann auf ihre Armbanduhr. Sie schüttelte den Kopf, marschierte geradewegs auf uns zu und baute sich vor der Sitzgruppe auf. »Meine Herren, jetzt ist aber Schluss! Ihr könnt doch nicht die ganze Nacht hier sitzen und reden.« Ernesto versuchte es auf die humorvolle Art: »Können wir doch, wie du siehst. Und schliesslich hast du uns liebenswürdigerweise mit Kaffee dabei unterstützt. Übrigens, eigentlich redet hier nur einer, und das bin ich. Was kann ich dafür, dass meine Lebensgeschichte nicht in eine Nacht passt?« Doch diesmal liess Viviane nicht mit sich reden. »Um sechs kommt die Frühschicht, und ich will denen nicht erklären müssen, dass zwei meiner Patienten die Nacht durchgemacht haben. Also, darf ich bitten?« Ernesto zuckte mit den Schultern und wandte sich an mich: »Ein paar Jährchen fehlen noch in meiner Geschichte und auch da gibt's Hochs und Tiefs, zum Beispiel der Motorradunfall oder die Begegnung mit Gioia. Wenn du hier heil rauskommst und den Rest auch noch hören willst – komm mich doch mal besuchen. Würde mich freuen. Die resolute Dame hier an unserer Seite wird dir bestimmt meine Adresse aus dem Krankenblatt aufschreiben.« Ernesto erhob sich, griff nach seinem Infusionsständer und schickte sich an, in sein Zimmer zu gehen. »Ernesto«, Viviane legte ihm sanft die Hand auf den Arm und hielt ihn zurück. »Du hast mir meine Frage noch nicht beantwortet. Hast du Susanna nochmals gesehen, nachdem sie mit dir Schluss gemacht hat?« Einen Moment verharrten die beiden in ihrer Position als wären sie eingefroren, dann nickte Ernesto mit seinem Kinn in meine Richtung. »Frag ihn, er kennt jetzt die ganze Geschichte.« Sekunden später war Ernesto in seinem Zimmer verschwunden. Es war kurz vor halb sechs Uhr morgens. Viviane begleitete mich zu meinem Zimmer neben dem Stationsbüro. Keiner von uns sagte ein Wort. Sie öffnete mir die Tür, half mir ins Bett, überprüfte noch einmal die Infusion. Mit einem Lächeln verabschiedete sie sich und zog die Türe hinter sich ins Schloss. Eine grenzenlose Müdigkeit überfiel mich.

Unterm Sonnenschirm

Mir erging es nicht anders als den meisten, die schon mal im Krankenhaus lagen und wieder lebend rauskamen. Man versucht möglichst schnell und so gut es geht, Abstand zu gewinnen von dieser Welt, die einem die eigene und die Zerbrechlichkeit der andern so deutlich vor Augen führt. Nach zwei Wochen konnte ich nach Hause. »Auf Verdacht entlassen«, gab mir der Oberarzt mit auf den Weg und überliess es mir, wie ich diesen Satz interpretieren wollte. Die Wochen danach bemühte ich mich, zu Kräften und wieder auf die Beine zu kommen, um mein gewohntes Leben zu führen. Ernesto und seine Geschichte waren über all die ›To Do's‹, die sich in der Zwischenzeit angesammelt hatten, in Vergessenheit geraten. Viviane hatte mir noch in der Nacht nach unserem nächtlichen Treffen seine Adresse und die Telefonnummer zugesteckt. Ihre Frage, ob Ernesto Susanna nochmals getroffen hatte, blieb unbeantwortet. Sie hatte nicht danach gefragt und ich kam nicht darauf zu sprechen. Zwei Wochen nach meiner Entlassung, hatte ich der Bettenstation der chirurgischen Abteilung noch einmal einen Besuch abgestattet, um mich für die Fürsorge und gute Betreuung beim Pflegepersonal zu bedanken. Weil ich am Nachmittag dort war, hatte ich für Viviane eine kleine Dankesnotiz geschrieben und wollte diese für sie hinterlegen. Man sagte mir aber, dass Viviane zum Monatsende ihren Dienst quittiert habe, und das war vor einer Woche gewesen. Die Sitzgruppe im Flur, die Wanduhr darüber schienen mir so vertraut, dass ich mich an die Nacht mit Ernesto erinnerte, und doch so fern von meinem Alltag, dass diese Erinnerung keine besonderen Emotionen auslöste und wieder verblasste.

Etwa drei Monate später schaute ich wie fast jeden Abend um 19.30 Uhr im Fernsehen die ›Tagesschau‹. Die Innlandthemen nahmen meiner Meinung nach zu viel Zeit in Anspruch, als gebe es keine Welt hinter der Landesgrenze. Unter »Und hier noch einige Auslandnachrichten« wurde eine Bildsequenz aus Buenos Aires eingespielt, in der die ›Madres de Plaza de Mayo‹ mit Plakaten vor einem Gerichtsgebäude demonstrierten. Die Tagesschau-Sprecherin berichtete, dass erneut einige Offiziere wegen Menschenrechtsverletzungen während der Militärdiktatur in den siebziger Jahren zu Haftstrafen verurteilt worden seien. Unverzüglich erinnerte ich mich an Ernestos Geschichte. Ich durchsuchte meine Unterlagen und fand schliesslich den Zettel mit seiner Telefonnummer ganz vorne in meiner Agenda. Am nächsten Morgen rief ich ihn an, seine Stimme klang müde, aber erfreut, mich zu hören. Er habe nicht damit gerechnet, dass ich mich melden würde, man kenne das ja, diese Nähe und Verbundenheit in aussergewöhnlichen Situationen, und danach gehe alles schnell vergessen. Damit hatte er nicht ganz Unrecht. Wenn ich möge, solle ich ihn doch in der nächsten Woche an einem Nachmittag besuchen kommen, dann werde er mir die Geschichte zu Ende erzählen.

Nach 14 Uhr

Ernesto holte mich am Bahnhof einer kleinen Ortschaft im Berner Hinterland ab. Ich war der Meinung gewesen, er wohne noch immer in der Grossstadt, aber bereits am Telefon hatte er mir erklärt, er sei vor einem Monat umgezogen, und die neue Bleibe auf dem Land gebe ihm sehr viel innere Ruhe. Wir stiegen in sein Auto, er lenkte seinen BMW routiniert zuerst durch den Ort und darauf beschleunigt durch die weite Landschaft mit den grünen Hügeln und vereinzelten Gehöften. Irgendwie stand seine Fahrweise in krassem Verhältnis zu seiner Art, wie er mit sanfter Stimme seine Geschichte erzählt hatte. Nach unzähligen Biegungen und Abzweigungen bog er auf den Abstellplatz vor einem alleinstehenden Bauernhaus ein. Er führte mich auf den Gartensitzplatz neben den Gemüsebeten und bat mich, unter dem Sonnenschirm Platz zu nehmen. Es war ein heisser Sommernachmittag. Er verschwand im Haus, brachte kurz darauf ein Tablett mit Gläsern und Wasser, stellte alles auf den Gartentisch und sagte: »Ich habe auch Kaffee, wenn du willst.« Ein kleiner Terrier war mit ihm aus dem Haus gestürmt und beschnupperte mich aufmerksam. »Das ist Amigo. Du weisst ja, was mir Hunde bedeuten.«

Er warf dem Hund einige Male einen Tennisball in den Garten. Amigo apportierte voller Begeisterung und legte sich, nachdem er sich müde gespielt hatte, zu Ernestos Füssen. Ernesto und ich tauschten uns darüber aus, wie es uns mit unseren Blessuren ging und ich bat ihn, mit seiner Geschichte fortzufahren.

»Ich glaube, ich habe dir zuletzt erzählt, dass Janina mit Simon zusammenzog und ich mich von ihr scheiden liess. Ich selbst konzentrierte mich in den folgenden Jahren vor allem auf meine Arbeit. Hier gab es laufend Veränderungen: Das EAM, in dem ich arbeitete, wurde mit dem Arbeitsamt verschmolzen, nach knapp drei Monaten wurde die gesamte Informatikabteilung, in der ich arbeitete, in die Kantonale Informatikabteilung ausgelagert. Jedes Mal wurden die Arbeitsbedingungen schlechter. Ich suchte nach einer neuen beruflichen Perspektive. Ein ehemaliger Arbeitskollege, der mit der Neustrukturierung des EAM beauftragt worden war, machte mir ein Angebot. Ich sollte Dossiers einscannen. Ich sagte in der Hoffnung zu, dass sich daraus etwas Neues ergeben könnte. Plötzlich hiess es, ›Diese Arbeit machen Studenten oder Leute, die an Arbeitslosenprojekten teilnehmen und vom Sozialdepartement bezahlt werden‹. Mein Kollege bot mir daraufhin eine Vollzeitstelle an. Ich sollte die Unterlagen der Antragssteller nach fehlenden Angaben überprüfen, diese ausfindig machen und die Dossiers entsprechend ergänzen. Nach etwa zwei Jahren wurde aber auch dieser Bereich ausgelagert, beim EAM blieb einzig die Buchhaltung. Mein ehemaliger Chef hatte sich für den Job als Buchhalter beworben, und weil sie dort zwei Leute suchten und er mich empfahl, landete ich in der Buchhaltung, in der ich für die Debitoren zuständig war. Kannst du mir noch folgen? Mit dem Fusionieren und Integrieren ging es nämlich unvermindert weiter. Letztlich wurde das Amt für Ergänzungsleistungen vollständig vom Sozialamt übernommen. Wir beiden aus der EAM-Buchhaltung wurden vor die Wahl gestellt: Entweder ihr akzeptiert das Angebot des Sozialamts und unterschreibt den neuen Vertrag, oder ihr kündigt. Sie erklärten, dass wir zu den gleichen Bedingungen angestellt würden wie beim EAM, aber in Tat und Wahrheit wurden wir zurückgestuft, um unseren Lohn an die Löhne der Mitarbeiter des Sozialamts anzupassen. Ich verdiente monatlich tausend Franken weniger, aber eine Kündigung kam nicht in Frage, ich hatte noch Alimente für Rosa zu zahlen. Wenn ich in diesen Jahren mit Rosa etwas unternehmen konnte, war das ein Lichtblick in meinem Leben. Bei der Scheidung war zwar klar geregelt worden, dass Rosa einmal pro Woche bei mir sein sollte, aber auch das wusste Janina zu hintertreiben. Sie behauptete dann, Rosa sei krank oder gerade mit jemandem unterwegs – wie es ihr gerade passte.

Neben meiner Arbeit im Sozialamt versuchte ich privat Aufträge für die Reparatur und Konfiguration von PCs zu ergattern. Das brachte einen kleinen Nebenerwerb. Weil die EAM-Buchhaltung professioneller gearbeitet hatte und das bei den neuen Kollegen Misstrauen und Neid schürte, kam es zu Spannungen. Mein EDV-Wissen brachte mir zusätzlich Ärger. Das Amt entwickelte gemeinsam mit einer Softwarefirma ein neues System für die Buchhaltung. Dank meiner Informatikausbildung begriff ich ziemlich schnell: Das funktioniert nicht. Einerseits hatten die Entscheider beim Amt einfach zu wenig Ahnung von der Materie, andererseits wollte uns die Softwarefirma einen Ferrari verkaufen, wo wir doch eher einen Traktor gebraucht hätten. Nicht dass ich etwas gegen Ferrari hätte, aber mit einem Sportwagen kannst du nun mal nicht auf einem Acker fahren. Entsprechend ärgerte ich mich über dieses Produkt und äusserte meine Meinung auch öffentlich. Als eines Tages in unserer Abteilung ein Plakat der Softwarefirma hing und da fett ›zuverlässig‹ darauf stand, verlangte das förmlich nach einer Korrektur. Mit einem Filzstift schrieb ich vor das Wort ›zuverlässig‹ die Silbe ›un‹. Das kam gar nicht gut an, der Fall landete bei der Geschäftsleitung. Man fahndete nach dem Täter, ich meldete mich und erklärte, warum ich das so geschrieben hatte. Damit schien die Sache gegessen, zumindest dachte ich das: Als ich im Februar die aktuellen Qualifikationsnoten auf meinem Bewertungsblatt sah, standen da auf einer Skala von A bis E nur noch C, D und E. Dabei hatte ich im Dezember in meinem Qualifikationsgespräch noch überall ein B erhalten, was so viel bedeutete wie ›Anforderungen mehr als erfüllt‹. Nun wurde mir vorgeworfen, ich könne nicht logisch denken, ich hätte falsche Buchungen gemacht und anderes mehr. Ich wurde von meinem Platz zum Abteilungsleiter gerufen, er erklärte mir, ich sei meiner Aufgabe nicht gewachsen, und ging mit mir zur Personalabteilung. Dort lag bereits der Vertrag mit einer Zurückstufung mit dem Hinweis, diesen anzunehmen oder selbst zu künden. Eine Ermahnung oder gar Verwarnung war im Vorfeld nie ausgesprochen worden. Ich wurde in einen angegliederten Bereich abgeschoben, in dem ich Rechnungen und Post sortieren musste. Es war ein Job, der mich total unterforderte und gleichzeitig überforderte, weil ich keine Möglichkeit sah, die Abteilung zu wechseln oder etwas anderes zu machen. Mit dieser Bewertung im Zwischenzeugnis und meinen mittlerweile sechsundfünfzig Jahren hatte ich keine Chance.«

Ernesto lehnte sich zurück und fischte eine Zigarette aus seiner Packung. »Das lass ich mir nicht nehmen«, schmunzelte er. »Ich geh in der Zwischenzeit auf die Toilette«. »Einfach rein, gleich die erste Türe links hinter der Küche.« Ich trat ins Haus, fand mich in einer Wohnküche, in einem dieser geduckten Räume, wie sie für alte Bauernhäuser üblich sind. Nachdem ich das WC verlassen hatte, warf ich noch einen Blick ins Wohnzimmer. Durch eine offene Türe fiel mein Blick in einen dahinterliegenden Raum. Auf einem Schreibtisch stapelten sich Papiere, Bücher, diverse Utensilien, die ich auf Distanz nicht erkennen konnte. Auf dem Bürostuhl davor lag in einer geöffneten Karton- oder Holzbox eine Pistole. Auch wenn ich wusste, dass Ernesto Sportschütze war, irritierte mich die Waffe, deren Lauf auch noch in meine Richtung wies. Es schien mir, als würde sie zum Gebrauch bereit liegen. Ich erinnerte mich an Ernestos Worte, dass er in seiner Guerillazeit oftmals den Tod gesucht, es aber stets die anderen getroffen habe. Ich beschloss, ihn darauf anzusprechen, wenn sich die Gelegenheit dazu bot.

Als ich wieder in den Garten kam, war Ernesto daran, den Sonnenschirm neu zu platzieren, damit wir wieder im Schatten sitzen konnten. Amigo fand das aufregend und bellte den Schirmständer an. Wir setzten uns, Ernesto nahm Amigo auf die Knie, um ihn zu beruhigen, was dem Kleinen sichtlich gefiel.

»In jener Zeit beim Sozialamt war ich wieder bereit für eine neue Beziehung. Über eine Internetplattform lernte ich Claudia kennen. Sie wohnte in der Ostschweiz und war ein paar Jahre jünger als ich. Mit ihr flog ich zum ersten Mal nach siebenunddreissig Jahren wieder nach Argentinien. Wir reisten auch nach Dolores. Dort schien an manchen Orten die Zeit still gestanden zu sein. Das Stationshaus an der stillgelegten Eisenbahnlinie schien noch immer so verschlafen wie damals, die Farbe am Gemäuer war vom Sonnenlicht gebleicht. Die Orte und Erinnerungen berührten mich, die Befürchtungen, dass mich der Besuch aus dem Gleichgewicht werfen würde, bewahrheiteten sich nicht. Es war eine Reise in die Vergangenheit, mehr nicht. Claudia beabsichtigte in Zürich zu arbeiten. Ich dachte eher an eine Wochenend-Beziehung, ich war für ein enges Zusammenleben noch nicht bereit. Sie bat mich, in meinem Umfeld nach einem Job für sie herumzufragen. Ich wusste, dass mein ehemaliger Vorgesetzter jemanden für die Sozialen Dienste suchte und kontaktierte ihn: ›Fritz, ich habe hier vielleicht jemanden für dich, rede mit ihr. Aber ich will nicht, dass du ihr wegen mir die Stelle gibst, sondern nur, wenn sie für den Job die Richtige ist‹. Claudia bekam die Stelle, was meiner Vorstellung der Wochenendbeziehung nicht gerade förderlich war. Ihre Kinder waren ausgeflogen, wir beide wohnten alleine; vernunftmässig sprach alles dafür, dass wir in Zürich zusammenzogen.

Ein paar Monate wohnten wir in meiner kleinen Wohnung, bis wir in das gemeinsame Apartment in einem eben fertig gestellten Neubau umziehen konnten. Doch auf der Beziehungsebene gab es Schwierigkeiten: Suchten wir Nähe und Zärtlichkeit, konnte ich sexuell kaum etwas empfinden. Es war nur der Kopf, der sich nahe fühlte. Da war es wieder, mein altes Problem, das mich seit meiner Kindheit begleitete: Mit dem Tod Rindis hatte diese unsägliche Verletzung angefangen, die ich nur aushalten konnte, wenn ich meine Gefühle unterdrückte. Schon bei der Ermordung meines Vaters spürte ich nichts mehr. Und mit jedem neu dazukommenden Schmerz perfektionierte ich diese Unberührbarkeit, auch in den Beziehungen. In den ersten Jahren in der Schweiz durfte mich niemand anfassen. Lag ich nachts mit einer Partnerin im Bett und sie kam zu nahe an mich heran während ich schlief, schlug ich um mich, ohne es zu merken. Wollte jemand meine Haut berühren, war das gut gemeint, löste aber Schmerzen aus und war teilweise unerträglich. Ich konnte sagen, ›Ich liebe dich‹, aber ich spürte das körperlich nicht. So wurde aus der Beziehung mit Claudia eher eine Wohngemeinschaft.

Kurz nach unserem Zusammenziehen hatte ich einen Motorradunfall. Es war im Juli 2011. Ich hatte schon um vierzehn Uhr keine Arbeit mehr, ging nach Hause, holte meine brandneue Suzuki mit 1800 Kubik Hubraum für eine Ausfahrt aus der Tiefgarage. Auf der doppelspurigen Strasse staute sich der Verkehr. Ich sah weiter vorne in der Kolonne eine Lücke und überholte die Autos links auf der Spur der Strassenbahn und wollte in diese Lücke einbiegen. Gleichzeitig gab der Autofahrer direkt hinter der Lücke einem Maserati, der von der Seitenstrasse auf die Gegenfahrbahn einbiegen wollte, das Zeichen für freie Fahrt. Der achtzigjährige Fahrer des Maserati gab ziemlich sportlich Gas, um durch die Lücke in der stehenden Kolonne und über die Geleise der Strassenbahn auf die entgegenkommende Fahrbahn zu kommen. Ich sah ihn aus einer Entfernung von fünfzehn Metern auf mich zurasen und wusste, der Bremsweg reicht nicht, er wird mich umfahren. Der Kühlergrill des Sportwagens prallte unterhalb des rechten Knies in mein Bein. Ich wurde meterweit weggeschleudert und landete auf den Tramgeleisen, wenige Meter hinter mir meine Suzuki. Gleichzeitig näherte sich die Strassenbahn von der Gegenseite und ich lag noch immer auf den Schienen. Ich erinnere mich an den Gedanken in jenem Moment: ›Deine Zeit ist noch nicht gekommen!‹ Das Tram kam drei, vier Meter vor mir zum Stehen. Ich rappelte mich auf, humpelte zum Motorrad und wollte es aus der Gefahrenzone in Sicherheit bringen. Aber jedes Mal, wenn ich meinen rechten Fuss belasten wollte, knickte er weg, als wäre er aus Gummi. Zwei Frauen eilten herbei und forderten mich auf, mich zu setzten. Die eine betastete den Knöchel und meinte, es sei nicht schlimm. Der Maserati-Fahrer dagegen half mir nicht. Ambulanz und Polizei waren nach wenigen Minuten vor Ort. Sie befragten mich und in einiger Entfernung den Maserati-Fahrer zum Unfallhergang. Anschliessend wurde ich in den Krankenwagen verfrachtet. Ich war die ganze Zeit bei Bewusstsein geblieben, der Motorradhelm hatte Schlimmeres verhindert. Ich spürte überhaupt keine Schmerzen, unterwegs sprach ich mit dem Notfallarzt über Motorräder, wir hielten kurz an, damit ich eine Zigarette rauchen konnte. Eine der beiden Frauen am Unfallort hatte Claudia angerufen, die schon kurz darauf im Spital auf der Notfallstation auftauchte. Sie war erleichtert, dass es mir offensichtlich ganz passabel ging, und machte Fotos wie ich im Krankenbett den Daumen nach oben reckte. Glücklicherweise hatte ich, kurz bevor ich aufs Motorrad gestiegen war, zuhause noch ein Stück Kuchen gegessen. Damit war mein Blutzuckerspiegel nicht zu tief – ich hatte schon damals Diabetes. Da die Krankheit in meinem Notfallpass eingetragen ist, fragte mich die Polizei, ob ich zuvor etwas gegessen oder Insulin gespritzt hätte. Wenn nicht, hätten sie mir vielleicht die Schuld am Unfall wegen Unterzuckerung anhängen können.

So harmlos das bis jetzt klingt, die Diagnose war niederschmetternd: Beide Unterschenkelknochen des rechten Beins waren gebrochen, weitere Knochen gequetscht, das Sprunggelenk und alle Bänder kaputt. Auch der Kopf eines Unterschenkelknochens war gebrochen, das sahen sie aber in der ersten Röntgenaufnahme nicht, weil sie sich nur auf die untere Bruchstelle und das zerstörte Fussgelenk konzentrierten. Den Bruch des Unterschenkelkopfes erkannten sie erst nach anderthalb Wochen beim erneuten Röntgen. Insgesamt folgten neun Operationen. Ich durfte den Fuss unter keinen Umständen belasten, Fortbewegung war nur im Rollstuhl möglich. Drei Monate verbrachte ich im Krankenhaus, anschliessend fast zwei Monate zuhause, danach erneut Operation und Spitalaufenthalt und so weiter und so weiter. Nach neun Monaten konnte ich den Fuss wieder etwas belasten und im Sozialamt wieder zur Arbeit gehen. Aber auf Krücken den Postwagen schieben, vier Kilo schwere Bündel mit Rechnungen tragen, es ging beim besten Willen nicht, schon beim Stehen hatte ich starke Schmerzen.

Meinem Hausarzt waren diese Schmerzen nicht geheuer, er überwies mich für weitere Kontrollen an die Klinik Balgrist. Nach den radiologischen Untersuchungen kam der Arzt zu mir und fragte wörtlich: ›Welcher Metzger hat das gemacht? Alles was man falsch machen kann, ist bei Ihnen falsch gemacht worden. Man muss sofort versteifen.‹. Die Platten waren fehlerhaft platziert und der Knochenkopf durch falsches Bohren zerstört worden, so dass jetzt Knochensplitter entfernt und der Unterschenkelknochen mit dem Fussknochen verschraubt werden musste, was zu einer Versteifung führte. Natürlich wollte der Arzt wissen, wo und von wem die Operation durchgeführt worden sei. Und machte mich auch gleich darauf aufmerksam, dass ich in einem Prozess gegen den Chirurgen wohl keine Chance hätte. Ich hätte früher reagieren müssen, ein Prozess sei ohnehin langwierig und sehr teuer. Wenigstens zahlte die Unfallversicherung in all den Jahren die laufenden Kosten. Der Maserati-Fahrer besuchte mich nach zwei Wochen im Krankenhaus und fragte mich als erstes, ob meine Frau mit mir geschimpft habe, weil ich einen Unfall verursacht hätte. Natürlich kam es zu einem Prozess gegen ihn. In erster Instanz wurde er schuldig gesprochen, er zog den Fall ans Obergericht weiter. Auch dort wurde er schuldig gesprochen und er brachte den Fall vor Bundesgericht. Er fühlte sich im Recht, weil der andere Autofahrer in der stehenden Kolonne ihn durchgewinkt habe. Es ging ihm, dem Millionär, Politiker und Anwalt, in erster Linie nicht um die Verhinderung des Schadenersatzes von 150 000 Franken. Ihm ging es ausschliesslich darum, seinen Führerschein nicht zu verlieren. Ich lernte während der Prozesse die Präsidentin des Maserati-Clubs Schweiz kennen, er war dort als sehr schlechter Fahrer bekannt, der mit seinem Fahrzeug total überfordert war. Unglücklicherweise starb er, bevor es zum Prozess vor Bundesgericht kam. Die allfällige Entschädigung musste von den Erben nicht übernommen werden, weil der Fall in letzter Instanz noch hängig war. Das Bein ist jetzt versteift, Bergwanderungen sind nicht mehr möglich und auch mit Spritztouren auf dem Motorrad ist es vorbei. Ich fahre jetzt … Hast du

Lust auf einen kleinen Ausflug? Ich fahre jetzt ein Conversion Bike, das steht hinten im Unterstand. Komm mit, ich zeig's dir.«

Ernesto führte mich durch den Garten hinters Haus zu einem kleinen, offenen Schuppen. Er präsentierte mir mit sichtlicher Freude ein Motorrad, das aber hinten zwei Räder hatte und rundum windschlüpfrig verkleidet war. »Wir machen eine kleine Tour zum nahen Aussichtspunkt und trinken ein Bier. Ich hol uns die Helme. Einverstanden?« Dagegen war nichts einzuwenden. Ich stülpte mir den Helm über den Kopf, schwang mich hinter Ernesto auf den komfortablen Schalen-Soziussitz und freute mich auf die Fahrt. Ernesto lenkte die Maschine wie schon seinen BMW zügig durch die Kurven, vorbei an Wiesen und Wäldern. Licht und Schatten begleiteten uns in einem aufgeregten Wechselspiel. Wieder überkam mich ein Gefühl, dass er mit seinem Gefährt lustvoll jene Kraft auslebte, die sein Körper nicht mehr hergab. Und ich wurde den Eindruck nicht los, dass in Ernesto eine Wesensart ruhte, die sich sehr von seiner sanften Erzählweise unterschied. Das half, ihn mir als den kampferprobten Guerillero vorstellen zu können, der sich für unsterblich hielt.

Am Aussichtspunkt setzten wir uns auf die Terrasse eines Restaurants. Schirme mit Werbeaufschriften eines Getränkeherstellers schützten die Gäste vor der heissen Sonne. Unter uns lagen sanfte Hügel und Weiden, in der Ferne im Dunst erkannte ich Eiger, Mönch und Jungfrau. Wir prosteten uns zu.

»Als ich nach meiner unfallbedingten Abwesenheit wieder zur Arbeit ging, wurde mir fristlos gekündet. Die Begründung war fadenscheinig, ich konnte sie nicht akzeptieren und schaltete das Case Management der Stadt Zürich ein. Während dieser Gespräche verlangte die zuständige Person Einsicht in mein Dossier und fragte, ›Wo sind die Protokolle, über eine vorherige Verwarnung, wo sind die rechtlichen Unterlagen für die Versetzung von der Buchhaltung in den Postbereich? Warum wurde er im Dezember mit B und im Februar mit E qualifiziert?‹. Die Abteilungsleiterin des Sozialamts und die Personalchefin schauten sich gegenseitig irritiert an, eine meinte, die Versetzung habe nicht dokumentiert werden müssen, weil ich nicht in eine andere Abteilung versetzt worden sei, sondern nur eine andere Arbeit übernommen habe. Die schlechte E-Beurteilung befand sich im Dossier, die vorgängig gute fehlte. Diese Beurteilung, verbunden mit einer Gratulation, hatte ich per Mail erhalten, die ich glücklicherweise ausgedruckt hatte und nun vorlegen konnte. Irgendwie schien der Case Managerin die Sache nicht geheuer. Schliesslich schlossen wir einen Kuhhandel ab: Weil sowohl der Amtsarzt, die Unfallversicherung sowie die Pensionskasse alle von der Stadt waren, konnte in meinem Fall schnell entschieden werden. Ich akzeptierte die Kündigung und erhielt dafür Unfallrente und IV in der Höhe von achtzig Prozent meines Lohnes. Dieser Deal war für mich sehr gut, allerdings hätte ich bei dieser ›Problemlösung‹ liebend gerne auf den Unfall und seine Folgen verzichtet. Aber hätte ich dort noch lange ausharren müssen, hätte ich mich wohl früher oder später umgebracht.«

Das war mein Stichwort. »Ernesto, ich habe die Pistole auf deinem Bürostuhl gesehen. Denkst du manchmal daran, dir das Leben zu nehmen?« Der auffrischende Wind blies Ernesto in die Haare, er strich sich eine weisse Strähne aus dem Gesicht, blickte zu Eiger, Mönch und

Jungfrau und dann auf das Bierglas vor sich auf dem Tisch.

»Da war in meinem Leben einerseits stets diese Todessehnsucht, andererseits ein unbändiger Lebenswille. Mit Rindis Tod gingen mir die Gefühle verloren – auch die Angst. Erst als ich Gioia kennen lernte, konnte ich wieder empfinden und Gefühle zeigen, aber nicht in dem Masse, wie ich denke, dass ein Mensch sich selbst und das Leben spüren sollte. Mit Amigo erlebe ich heute manchmal dieses Gefühl wie damals als Kind mit Rindi. In El Salvador spürte ich ansatzweise diese jugendliche Unbeschwertheit, die ich in Argentinien verpasst hatte. Und mit ... Hast du ausgetrunken? Dann fahren wir zurück, und ich erzähle dir, wie ich Gioia kennen lernte.« Das war nicht wirklich eine Antwort auf meine Frage.

Nach 15 Uhr

Nach unserer Rückfahrt führte mich Ernesto durch seinen Gemüsegarten und deutete auf die reifen Zucchini, die unter den Blättern verborgen lagen. Amigo, der während unseres Ausflugs im Haus gewartet hatte, zeigte sich von unserer Rückkehr begeistert, brachte Ernesto den Tennisball und forderte ihn mit lautem Gebell dazu auf, diesen zu werfen. Ernesto tat ihm den Gefallen. Wir setzten uns wieder unter den Sonnenschirm und Ernesto fuhr mit seiner Geschichte fort.

»Meine Beziehung zu Claudia war am Auseinanderbrechen. Claudia suchte nach einer Veränderung, sie suchte eine neue Beziehung. Auf einer Internetplattform traf sie eine Auswahl von interessanten Männern. Sie forderte mich auf, deren Profile zu lesen und meine Meinung abzugeben. Schliesslich fuhr ich sie sogar zu ihrem ersten

Date mit einem Typen im nahen Ausland. Sie blieb das ganze Wochenende bei ihm. Aufgrund dieses Ereignisses entschieden wir – wie heisst das so schön, ›im gegenseitigen Einvernehmen‹ – uns zu trennen.

Auch Gioia lernte ich auf einer Dating-Plattform kennen. Wir schrieben uns einen Monat, bevor wir uns trafen. Beim ersten Treffen auf dem Bahnhof sass ich nach dem Aufenthalt in der Balgrist-Klinik noch im Rollstuhl, auch wenn ich mit Krücken schon wieder kurze Distanzen gehen konnte. Sie wusste das, und weil wir beide hofften, dass aus unserem Mailwechsel vielleicht mehr werden könnte, beschlossen wir, für das Wochenende zu einem Freund in die Berge zu fahren. Gioia und ich übernachteten im gleichen Bett. ›Ich möchte für dich da sein‹, sagte sie. Diese Worte sprengten meinen Panzer, der mich durch all die Jahrzehnte geschützt und gefangen gehalten hatte. Gefühle von ungeahnter Intensität überschwemmten mich. Es war, als könne ein Tauber wieder das Rauschen der Blätter hören oder wie, wenn man nach der Operation des Grauen Stars die Formen wieder scharf und die Farben kräftig sehen kann. Gioia umarmte mich; sie roch wie jene Fantasie-Frau, die mich damals nach der Folter in den Armen gehalten hatte. Es schien, als könnten wir ein Paar werden. Aber es kam anders. Vor ein paar Monaten zog sie mit einem anderen Mann zusammen. Ich war wieder eifersüchtig – wie beim ersten Mal in meiner Kindheit, als Geraldo versucht hatte, mir meine Dede wegzunehmen.

Ich suchte auf Dating-Plattformen nach einer neuen Beziehung. Es meldeten sich Frauen über siebzig, die jüngere Männer suchten, vielleicht, um noch einmal etwas Abenteuer zu geniessen. Gioia war jünger als ich, meine Partnerinnen – Susanna zähle ich da nicht dazu – waren immer jünger, ich suchte das nicht, es ergab sich einfach immer so. Und es endete auch immer gleich: Es hiess dann, ›Danke, ich habe sehr viel von dir gelernt, aber das war's.‹. Es sagt sich leicht, ›Lass uns gute Freunde sein‹, wenn du schon einen anderen hast.«

Ernestos Handy piepste. Er zog sein Mobiltelefon aus der Tasche und deutete auf das Display. »Das ist die App, die mir sagt, wann ich meinen Insulinspeicher wieder auffüllen muss.« Er stand auf, verschwand im Haus und kam mit einer Packung mit Kapseln zurück. Er wechselte die Kapsel, die seinen implantierten Speicher mit Insulin füllte, erklärte mir die verschiedenen Diagramme und Statistiken auf seiner App, und wie dankbar er sei, dass ihn diese darauf hinweise, wenn der Blutzucker zu stark absinke.

»Im Moment bin ich auf der höchsten Stufe von Diabetes, Stufe 1. Leider blieb mein Diabetes fast zehn Jahre unerkannt, in dieser Zeit ist in meinem Körper einiges geschädigt worden, die Nerven sind angegriffen, jetzt auch die Nieren; ich spüre, es wird schlimmer. Ich kann nicht behaupten, dass meine Gesundheit sich durch die verbesserte Behandlung stabilisiert hätte. Ich leide unter den Nebenwirkungen der Medikamente: Durchfall, Erbrechen, Schwindel sind das Harmloseste. Mir fehlt der Appetit, manchmal ist der Schwindel so gross und die Reaktionsfähigkeit so klein, dass ich mich nicht in der Lage fühle, Auto zu fahren. Die Antidepressiva und Neuroleptika machen mich zwar müde, aber ich schlafe noch schlechter als ohnehin schon immer. Im Schlaflabor stellte sich heraus, dass ich fast keine Tiefschlafphase habe und fast jede Minute aufwache, auch wenn mir das nicht bewusst ist. Das Gefühl, am Morgen nach einer erholsamen Nacht Bäume ausreissen zu können, geht mir völlig ab. Normalerweise gehe ich zwischen vier und sechs Uhr morgens ins Bett, schlafe so bis gegen zehn, elf Uhr, und das war's. Zum Schlafen trage ich Windeln, weil ich nachts manchmal Durchfall habe und das nicht merke. Das ist so erniedrigend! Bei mir hat sich tief eingeprägt, dass jederzeit etwas passieren kann, und ich muss reagieren können. Aber ich kann doch nicht ständig Schlafmittel nehmen.

Nachdem mich Gioia verlassen hatte, geriet ich in eine Krise. Ich dachte, am nächsten Geburtstag mache ich Schluss, kümmerte mich um nichts mehr. Dadurch rutschte ich noch tiefer, machte Schulden. Doch da war wieder dieser unbändige Lebenswille, ich rappelte mich auf, plante neue Projekte. Aber alles ist jetzt schwieriger geworden. Ich bin wegen der Betreibungen auf dem Existenzminimum. Wenn ich nun Ergänzungsleistungen erhalte, weiss ich nicht, wieviel davon ans Betreibungsamt geht. Was mir heute Angst macht, sind vor allem die körperlichen Einschränkungen und die Ungewissheit, ob mein Körper noch mitmacht. Es stört mich, wenn ich meine Fingerkuppen nicht mehr spüre.

Du hast die Pistole in meinem Schreibzimmer gesehen. Es gab Zeiten, da dachte ich, jetzt gebe ich mir die Kugel. Zwei, drei Jahre plante ich, mich jeweils an meinem Geburtstag umzubringen, und liess es doch bleiben. Als Rosa mich als Kleinkind noch brauchte, hatte ich nie Gedanken an einen Freitod. Auch wenn es mir nicht immer so gelang, wie ich es mir gewünscht hätte, ich wollte da sein, um sie vor den Gefahren des Lebens zu beschützen, vor allem aber vor ihrer Mutter. Rosa machte mir vor ein paar Monaten ein grosses Geschenk. Sie sagte, ›Schau Ernesto, als Kind glaubte ich immer, du seist ein Arschloch, weil Janina mir das so erzählte. Ich weiss jetzt, dass es nicht so ist.‹. Unser Kontakt ist zum Teil sehr eng, dann wieder distanziert. Aber die Momente, in denen wir zusammen sind, geniesse ich. Rosa ist jetzt schwanger, im nächsten Februar würde ich Grossvater werden.«

Würde? Hatte Ernesto gesagt ›würde ich Grossvater werden‹? Der Konjunktiv in seiner Formulierung liess mich hellhörig werden. Verlief die Schwangerschaft nicht wie sie sollte? »Ist etwas mit dem Kind? Es klingt so, als wärst du dir nicht sicher, ob du Grossvater wirst, Ernesto.«

»Ich bin mir sicher, dass ich nicht Grossvater werde«, antwortete er nach einer längeren Pause. Dann schaute er mir geradewegs in die Augen:

»Ich habe Kontakt zu einer Sterbehilfe-Organisation aufgenommen. Ich werde mir nicht die Kugel geben. Aber es ist Zeit zu gehen. Mein Körper macht nicht mehr mit, ich habe keine Träume mehr, keine Ziele. Was kann ich noch Neues erleben? Jetzt sterben zu dürfen, ist ein Akt der Liebe gegenüber mir selbst. Es wird Zeit, dass ich danach handle.

Dass ich noch Gefühle erleben konnte, wenn auch spät, war am Anfang ein Segen. Nun ist es zu einem Fluch geworden. Es tut weh, alles tut weh. Ich spüre, dass ich weder für Neues bereit bin noch die Kraft dazu habe. Ich bin viel in der Welt herumgekommen, ich habe neue Orte kennengelernt, sagen wir Strände in Spanien, in Griechenland, in Guatemala, Kuba … Strände sind Strände, Palmen sind Palmen. Alles wiederholt sich. Ich schlafe jetzt noch weniger als vorher, die Flashbacks kommen, sobald ich die Augen schliesse. Ich fange an, mich gegenüber jenen, die tot sind, verantwortlich zu fühlen, dass ich noch lebe und sie gestorben sind. Ich war derjenige, der sterben wollte, und motivierte andere zu Aktionen, in denen sie zu Tode kamen. Heute fühle ich mich schuldig für mein damaliges Handeln. Warum ist Susanna tot? Gewiss, sie wollte lieber sterben als gefoltert und vergewaltigt werden. Heute kann ich das nicht mehr so sehen. Hätte ich nicht so oft und leidenschaftlich mit ihr über die politische Lage und Ungerechtigkeit diskutiert, wäre sie vielleicht die behütete junge Frau geblieben und noch immer am Leben. Immer wieder sehe ich die Bilder von jenen, die wir als Spitzel verurteilten und die ich eigenhändig erschoss. Da sind so viele Flashbacks, die mir Schmerzen bereiten.«

Ernesto stand auf und verschwand wortlos im Haus. Amigo folgte ihm. Ich war aufgewühlt und wusste nicht, was ich tun sollte. Soeben hatte mir ein Mann erklärt, dass er sein Leben beenden will. Auf eine Art fühlte ich mich verpflichtet, ihn davon abzuhalten. Aber ich verstand ihn, ich wäre mir lächerlich vorgekommen, ihm auf die Schulter zu klopfen oder ihn in die Arme zu nehmen und zu sagen, »Das wird schon wieder gut«. Wie hätte ich ihm Mut machen können? »Alles wiederholt sich«, hatte er gesagt und schien dieser Wiederholungen müde. Jetzt kamen noch Flashbacks und Schuldgefühle, ganz abgesehen davon, dass sein Körper zusehends von Diabetes und seinen anderen Leiden zerstört wurde. Was also konnte ich ihm anderes bieten als meine Anteilnahme und mein Verständnis? Der Tod war für ihn eine ehrliche Option, um diesen Wiederholungen zu entfliehen. Ernesto kam zurück, Amigo erbellte sich erneut seinen Platz auf Ernestos Knien.

»Wir werden nie genau wissen, wie sehr wir Einfluss auf jemanden genommen haben. Gewiss, manche Menschen manipulierte ich bewusst, wohl eher veränderte ich den Lauf anderer Leben, wenn auch nur geringfügig, ganz unbewusst einfach durch meine Existenz. Nachts in den Flashbacks sind es vor allem negative Ereignisse, die mich heimsuchen und quälen. Aber wenn ich mich darum bemühe, fallen mir auch schöne, bedeutungsvolle Episoden ein, Dinge, die ich zum Guten habe wenden können. Ich könnte auf vieles in meinem Leben stolz sein, aber was ich bewirkte, schien mir einfach immer selbstverständlich. Stolz verband ich stets mit Narzissmus.

Im Restaurant beim Biertrinken wollte ich dir noch etwas erzählen, doch dann hast du mich auf die Pistole angesprochen und unser Gespräch ist in eine andere Richtung verlaufen. 2015 war ich noch einmal für einen Monat in Argentinien. Diesmal ging ich auch zu der Strasse und suchte das Haus, in dem Susanna erschossen wurde. Aber in den fünfundvierzig Jahren hatte sich zu viel verändert, ich erkannte den Ort nicht wieder, und ich wusste nicht, ob ich darüber glücklich oder traurig sein sollte. Der Grund meines Besuches in Buenos Aires war aber ein anderer: Es ging um einen Prozess gegen ehemalige Offiziere und Folterer. Ich hatte Dokumente mit Namen und Beweisen, die diese Schlächter belasteten. Dazu habe ich vor Gericht ausgesagt. Siebenundfünfzig Offiziere wurden verurteilt.

In den Monaten vor dem Prozess hatte ich den Eindruck, dass ich hier in der Schweiz beobachtet wurde. Als ich mit Gioia in Fribourg am Fluss spazieren ging, fuhr ein Auto im Schritttempo hinter uns her. Die Autonummer wies auf ein Fahrzeug der argentinischen Botschaft hin. Der Wagen zog langsam an uns vorbei, und ich glaubte, darin Geraldo und eine Frau, die in der Botschaft den Status eines Attaché hatte, zu erkennen. Im Vorbeifahren fixierte uns die Frau mit ihrem Blick und machte eine Handbewegung, wie wenn man ein Messer an der Kehle entlangzieht. Das konnte kein Zufall sein.

Vielleicht bestand der Zusammenhang auch darin, dass Cristina Kirchner, die ehemalige Präsidentin von Argentinien, wieder an die Macht kommen wollte und nach Unterstützung durch die ehemaligen Gruppen des Widerstands suchte. Aber wir wären einfach das Kanonenfutter gewesen, ich weigerte mich mitzumachen. Solange ich nichts unternehme, lassen sie mich in Ruhe, aber offensichtlich beobachten sie mich. In Zürich, wo ich zuvor wohnte, fiel die Beschattung kaum auf. Hier auf dem Land, fällt es den Leuten auf, wenn immer derselbe Wagen vorbeifährt. Deshalb lassen sie mich jetzt in Ruhe.

Geraldo, mein vermeintlich bester Freund, ist vom Freund zum Feind geworden, ohne dass ich das sehen wollte. Er gehörte zur AAA, der antikommunistischen Allianz, du erinnerst dich, die in einen politischen und einen militärischen Flügel geteilt waren. Ich denke, er spielte ein Doppelspiel und agierte lange Zeit als Spion für diese Organisation. Kurz nach meiner Flucht migrierte er als politisch Verfolgter nach Israel. Seine Mutter war Jüdin, Geraldo liess sich noch vor seiner Ausreise nach Israel beschneiden, weil das eine der Bedingungen war, die Israel stellte. Aber er wollte letztlich nach Europa, um Schauspieler zu werden. Ich half ihm damals bei der Einreise in die Schweiz, weil er mich darum bat. Ich hielt ihn noch immer für meinen Freund. Erst vor etwa acht Jahren fand ich Beweise, dass er seit unserer Kindheit nicht nur neidisch auf mich war, sondern mich auch vernichten wollte. Er wird sich bestimmt freuen, wenn ich nicht mehr bin. Er lebt heute in Norditalien, wir haben uns schon lange nicht mehr gesehen – und dabei wird es bleiben.«

Nach 16 Uhr

»Es ist schön hier, ich werde nirgendwo mehr hingehen, das ist mein letzter Lebensort. Bald werde ich mich von Rosa verabschieden, sie wird mit meinem Freitod umgehen können, sie ist sozial sehr reif. Wie ich Mirjam kenne, wird auch sie meine Entscheidung verstehen, ihr erster Freund nahm sich das Leben – wobei nie eindeutig geklärt wurde, ob es Mord oder Freitod war. Ich brauche von niemandem mehr Absolution. Wenn ich mich von den Menschen verabschiede, die mir wichtig sind und denen ich nahestehe, dann geht es mir darum, dass keine Fragen offenbleiben. Sterben ist noch immer ein Tabuthema, auch wenn mehr darüber gesprochen wird als früher. Würden wir offen darüber reden, könnten wir dem Tod das abgewinnen, was er wirklich ist – ein zwingender, wichtiger Bestandteil des Lebens.«

Eine Weile sassen wir schweigend da und blickten in den sonnendurchfluteten Garten. Die Schatten waren länger geworden. Amigo döste zufrieden auf Ernestos Beinen. Ich versuchte einzuordnen, was mir Ernesto in den letzten Minuten erzählt hatte: Seine Rückkehr nach Argentinien, zu wichtigen Orten in seinem Leben, wie etwa dem Haus, in dem Susanna getötet und er selbst verhaftet worden war. Und ob es Fluch oder Segen war, den Ort kaum wiederzuerkennen. Ich erinnerte mich an ›meine‹ Strassen und Plätze, an die ich zurückgekehrt war, vor allem aber an jene, die ich gemieden hatte, weil ich befürchtete, sie würden nicht mehr jene Ausstrahlung haben, mit der ich sie in meiner Erinnerung und in meinen Gefühlen bewahrte. Wie würde mein Leben enden, würde ich mich von geliebten Menschen verabschieden können? Welche würden, wenn meine Zeit gekommen war, noch da sein?

»Wann fährt dein Zug?« fragte Ernesto und holte mich zurück in die Gegenwart. Ich blickte auf mein Handy. »In zwanzig Minuten.« »Dann müssen wir jetzt los, ich bring Amigo ins Haus und hole die Autoschlüssel.«

Auf der Fahrt zum Bahnhof erzählte Ernesto, dass ihn am Abend Rosa besuchen und er für sie kochen werde. Dass er einen Käufer für sein Conversion Bike habe, dass jemanden Amigo bei sich aufnehmen werde, wenn er gestorben sei. Dass er sich freue, wenn es bald geschehe.

Wir waren knapp dran. Als ich am Bahnhof ausstieg, fuhr mein Zug eben ein. Ernesto und ich umarmten uns, klopften uns auf die Schultern, so wie das Männer machen, wenn sie sich mögen, aber emotional etwas unbeholfen sind. Bevor wir uns trennten, hielt Ernesto mich an den Armen zurück und sagte: »Erinnerst du dich noch an den Traum vom Tunnel, den ich als kleiner Junge hatte? Ich bin jetzt im Tunnel und ich sehe das Licht schon ganz nahe.«

Ernesto wirkte erschöpft. Aber seine Augen leuchteten.

Epilog

In Bern stieg ich in den Intercity nach Zürich. Auf der Heimfahrt hatte ich ein Abteil für mich alleine und war dankbar dafür. Mir fiel auf, dass die Reisenden nicht mehr von diesem typischen Rattern begleitet wurden, welches vor Jahrzehnten zu hören war, wenn die Wagons über die Nahtstellen der Schienen rollten. In den Tunnels spiegelte sich im Fensterglas mein Ebenbild, es war mir unangenehm, ich hatte keine Lust, mich zu sehen, und schloss die Augen. Stattdessen sah ich den kleinen Ernesto in seinem ungeliebten Anzug in einem Tunnel wandern, wie er in der Ferne ein Licht erblickte, schneller und schneller ging, mit pochendem Herzen und wachsender Erleichterung.

In den darauffolgenden Tagen war ich immer wieder versucht, Ernesto anzurufen. Aber ich wusste nicht, was ich als Grund meines Anrufs hätte vorbringen können: »Wie geht es dir?« oder »Wann wird es soweit sein?« Er hatte bei unserem letzten Gespräch keinen Zeitrahmen genannt. Während ich darüber nachdachte, bemerkte ich, dass auch ich in meinen unausgesprochenen Fragen die Worte ›Sterben‹ oder ›Freitod‹ vermieden hatte.

Zwei Wochen nach unserer Begegnung in Ernestos Garten rief mich die Sterbehelferin an: »Ernesto Weller hat mich gebeten, sie zu kontaktieren. Er ist gestern Nachmittag in meiner Anwesenheit ganz friedlich eingeschlafen.«

Vielleicht existiert es doch, das Schicksal. Vielleicht wollte eine Instanz, die mir fremd und nicht von dieser

Welt ist, dass Ernestos Lebensgeschichte den Weg in die Öffentlichkeit findet. Das mag der Grund sein, warum der Tod zugewartet hat, obwohl er schon die Hand nach Ernesto und mir ausgestreckt hatte. Wobei – Ernesto stand dem Tod schon immer nahe, auch wenn man nicht unbedingt sagen kann, dass sie Freunde waren. Nun ist Ernesto mit dem Tod doch auf die Reise gegangen, aus freien Stücken. Und ich bin noch immer hier, und habe seine Geschichte erzählt.

Ueli Oswald

Das Vergessen ist ein Dieb!

Roman, 256 Seiten, gebunden, Fr. 26.–,
€ 22.20, ISBN 978-3-85990-345-6,
auch als e-Book

Die Vergangenheit zwängt sich urwüchsig aus seinem Unbewussten in die Gegenwart und lässt Markus schweissnass, die eigenen Hände um den Hals gekrallt, aus einem Albtraum aufschrecken. Die Gespenster sind zurück. Etwas Dunkles, Prägendes muss damals geschehen sein. Wenn doch nur sein Bruder Paul noch reden könnte!
Als wäre die Gegenwart nicht schon bedrohlich genug: Beim ›Wochenjournal‹ versucht der Chef Markus mit Winkelzügen loszuwerden; sein Jugendfreund Adrian kündigt ihm die Freundschaft, und einmal mehr gerät Markus in der Diskussion um Pauls terroristische Vergangenheit zwischen die Fronten. Einziger Lichtblick ist Sarah Bauer, die neue Pflegerin auf Adrians Station im Wohnheim Wiesenau. Markus sollte seinem Chef die Stirn bieten, die Situation mit Adrian klären. Er sollte sich mit Sarah Bauer verabreden, der Liebe nochmals eine Chance geben! »Agieren, nicht reagieren!«, pflegte Paul lauthals zu skandieren. Aber Paul und dessen Freund Robert zogen es vor, nach ihrem missglückten Anschlag auf das Zürcher Stadthaus abzuhauen. Paul ist schon lange tot, und Robert bleibt verschwunden.
Jetzt gibt es neue Hinweise. Tief im Dschungel Panamas entdeckt Markus, was er nie für möglich gehalten hätte. Endlich lichtet sich der Vorhang über der Vergangenheit. Das Leben aber, das er so gerne selbst bestimmen würde, weiss mit neuen Winkelzügen aufzuwarten.
Eingebettet in Zürichs Stadtleben und den Dschungel im tropischen Panama, werden die Protagonisten in einem Netz von Handlungssträngen und schicksalhafter Verstrickung gleichermassen zu Opfern und Tätern und steuern unaufhaltsam dem überraschenden Ende entgegen.

edition 8